Was ist ein ›philosophisches‹ Problem? Und sofern wir zu wissen meinen, wie Probleme im allgemeinen aussehen: Was soll das Adjektiv ›philosophisch‹ eigentlich bedeuten? Hinreichend Konzises, um damit die Probleme zu umreißen, mit denen sich die Philosophie herumschlägt? *Gibt* es überhaupt ›philosophische‹ Probleme? Oder heißt Philosophieren eher, sich davon überzeugen zu lassen, daß man sich bestimmte Probleme leistet? Sind diese Probleme nur scheinbar welche? Oder sind die scheinbaren gerade die ernstesten? Oder vergißt man die Frage nach den philosophischen Problemen besser ganz?

Es ist eine Reihe von Fragen, die sich an die Ausgangsfrage anhängen läßt. Schon deshalb ist nicht verwunderlich, daß deren Beantwortung recht unterschiedlich ausfallen kann. Die Beiträge der renommierten Philosophinnen und Philosophen, die für diesen Band verfaßt wurden, führen es vor Augen – und umreißen damit ein Spektrum zeitgenössischer Positionen des Philosophierens.

Joachim Schulte hat einen Lehrauftrag an der Abteilung Philosophie der Universität Bielefeld. Er ist Autor, Herausgeber und Übersetzer zahlreicher Bücher zur Philosophie des 20. Jahrhunderts. Veröffentlichungen u. a.: *Wittgenstein. Eine Einführung, Die Wahrheit der Interpretation: Beiträge zur Philosophie Donald Davidsons* (Hg.), *Chor und Gesetz: Wittgenstein im Kontext, Erlebnis und Ausdruck: Wittgensteins Philosophie der Psychologie.*

Uwe Justus Wenzel, von 1991 bis 1998 Wissenschaftlicher Assistent am Philosophischen Seminar der Universität Basel, ist für Geisteswissenschaften zuständiger Feuilleton-Redakteur der »Neuen Zürcher Zeitung«. Er veröffentlichte u. a. *Anthroponomie. Kants Archäologie der Autonomie, Vom Ersten und Letzten. Positionen der Metaphysik in der Gegenwartsphilosophie* (Hg.).

Unsere Adresse im Internet: www.fischer-tb.de

Was ist ein ›philosophisches‹ Problem?

Herausgegeben von
Joachim Schulte und
Uwe Justus Wenzel

Übersetzungen aus
dem Englischen von
Joachim Schulte

Fischer
Taschenbuch
Verlag

2. Auflage: November 2001

Originalausgabe
Veröffentlicht im Fischer Taschenbuch Verlag GmbH,
Frankfurt am Main, Oktober 2001

© 2001 Fischer Taschenbuch Verlag GmbH, Frankfurt am Main
Satz: Pinkuin Satz und Datentechnik, Berlin
Druck und Bindung: Clausen und Bosse, Leck
Printed in Germany
ISBN 3-596-14931-2

Inhaltsverzeichnis

Joachim Schulte
Vorwort 7

Rüdiger Bittner
Probleme, theoretische Probleme, philosophische Probleme 21

Michael Dummett
Begriffsanalysen ohne Definitionshoheit 27

Dorothea Frede
Meditationen über Sein und Sinn philosophischer Probleme 42

P. M. S. Hacker
Verstehen wollen 54

Ian Hacking
Vom Gedächtnis der Begriffe 72

Dieter Henrich
Das eine Problem, sich Problem zu sein 87

Georg Meggle
Meine philosophischen Probleme und ich 102

Inhaltsverzeichnis

Christoph Menke
Zwischen Literatur und Dialektik 114

Jürgen Mittelstraß
Philosophische Probleme zwischen Wissenschaft und Lebenswelt 134

Martha Nussbaum
Arbeit an der Kultur der Vernunft 145

Richard Rorty
Im Dienste der Welterschließung 148

Martin Seel
Sechs nur scheinbar widersprüchliche Antworten 155

Dieter Thomä
›Die Welt, die Welt, ihr Esel! ist das Problem der Philosophie‹ 166

Bernhard Waldenfels
Übergänge ins Unvertraute 186

Ursula Wolf
Begriffliche Spannungen und existenzielle Aporien 197

Uwe Justus Wenzel
Epilog: Problembewußtsein 203

Über die Autorinnen und Autoren 213

Joachim Schulte
Vorwort

Schon oft ist die Philosophie mit der Mathematik verglichen worden, denn in dieser wie in jener gehe es nicht um Gegenstände der äußeren Erfahrung, sondern auf beiden Gebieten beschäftige sich eine reine Form des Denkens mit zeitlosen, durch keinen sinnlichen Zusatz getrübten Dingen – in letzter Instanz vielleicht mit nichts anderem als sich selbst. Über die Art dieser Beschäftigung besteht jedoch Uneinigkeit, wohl nicht so sehr unter den Mathematikern, mit Sicherheit aber unter den Philosophen. Ist das von der Auseinandersetzung mit den Dingen der alltäglichen Erfahrung abgehobene Denken des Philosophen oder des Mathematikers aktiv oder passiv? Ist es schöpferisch tätig oder bloß empfangend, rezeptiv? Der durch diese Fragen angedeutete Gegensatz ist in der Philosophie der Mathematik auf die bündige Formel »Entdecken oder Erfinden?« gebracht und von verschiedenen Philosophen ganz unterschiedlich beantwortet worden. Warum, könnte der Unbefangene fragen, erkundigen sich die Philosophen nicht einfach bei den Mathematikern? »Als ob die es wüßten!« wird der Philosoph erwidern. Und diese Antwort zeigt, daß es in der Philosophie auch darum geht, Claims abzustecken, das eigene Gebiet gegen den Zugriff derer, die in gewisser Hinsicht nicht wissen, was sie tun, zu verteidigen.

Die Philosophen wollen ihr eigenes Gebiet sichern, soviel ist wohl richtig. Aber haben sie überhaupt ein eigenes Gebiet? Um diese Frage zu beantworten, müßte sich nachweisen lassen, daß die Philosophen tatsächlich etwas tun: daß sie Probleme haben, mit denen sie sich in einer Weise herumschlagen, die ihre Fachkundigkeit erkennen läßt. Die Frage nach der Eigenständigkeit philosophischer Probleme ist also zugleich die Frage nach der Eigenständigkeit der Philosophie als einer Disziplin, die anderen etwas zu sagen hat. Letzten Endes ist es vielleicht die Frage danach, ob es so etwas wie Philosophie überhaupt gibt.

8   Das klingt dramatisch, und angesichts einer Tätigkeit, die sich seit zweieinhalb Jahrtausenden in unserem Kulturkreis eines gewissen Ansehens erfreut, darf man eine so dramatisch zugespitzte Existenzfrage gewiß noch eine Weile zurückstellen. Aber vielleicht hilft der eben genannte Vergleich mit dem Treiben der Mathematiker ein wenig weiter, wenn man wissen will, was die Philosophen eigentlich tun: Sind die Philosophen Entdecker oder Erfinder?

Hinter dieser Frage stehen zwei Metaphern, und die erste dieser Metaphern legt die Vorstellung nahe, der Philosoph sei jemand, der ein Land erkundet, dessen Eigenschaften unbekannt sind. Die Unbekanntheit ist aber nicht der springende Punkt der metaphorischen Unterscheidung zwischen Entdecker und Erfinder, denn auch über das, was der Erfinder ersinnt, weiß man nicht im voraus Bescheid. Der Witz der Metaphern liegt darin, daß der Entdecker etwas schon Gegebenes, von ihm völlig Unabhängiges auskundschaftet, während der Erfinder etwas erschafft, was vorher nicht da war: etwas, was nicht unabhängig von ihm existiert.

In der Philosophie der Mathematik, von der diese metaphorische Unterscheidung hergenommen ist, besagt sie: Der Mathematiker als Entdecker ermittelt eherne Gesetze, die zeitlos gelten, einerlei, ob sie von irgendwelchen Lebewesen aufgespürt werden oder nicht. Er betrachtet Gegenstände einer speziellen Art – Zahlen, Strukturen, Formen –, die dem unkundigen Auge verborgen sind und nur demjenigen sichtbar werden, der mit einem besonderen Erkenntnisvermögen ausgestattet ist. Der Mathematiker als Erfinder hingegen erschafft die Gesetze und Gegenstände, mit denen er sich beschäftigt. Ohne ihn gäbe es sie gar nicht; von zeitloser Gültigkeit kann nicht die Rede sein.

Auf die Philosophie übertragen hieße das: Der Philosoph als Entdecker erkundet ein Gebiet zeitloser Gegenstände und Gesetze, welche die Beschaffenheit der Gegenstände und die Beziehungen zwischen ihnen bestimmen. Der Philosoph als Erfinder ersinnt Gegenstände und Gesetze, die nicht vorgegeben sind, sondern erst durch seine Leistung zustande kommen und erst durch sein Tun ihm selbst und anderen zugänglich werden. Beide Vorstellungen sind mit einem enormen Anspruch verbunden. Da das von dem philosophischen Entdecker zu erkundende Land kein gewöhnlicher, sondern ein dem ungeschulten Blick unsichtbarer Bereich ist, spricht er sich selbst ein die Norm übersteigendes Erkenntnisvermögen zu. Da der philosophische Erfinder die Früchte seines Sinnens nicht für sich behält, sondern sie von anderen Menschen anerkannt wissen möchte, schätzt er die eigenen Erfindungen höher ein als die der Konkurrenz. Kein Wunder, daß den Philosophen so häufig der Vorwurf der Anmaßung gemacht worden ist.

Was die Probleme betrifft, hat der Entdecker natürlich ganz andere als der Erfinder – und hier wird der Vergleich interessant. Wer ein unbekanntes oder noch nicht genügend erkundetes Gebiet erforscht, wird sich einen Überblick über das Terrain verschaffen wollen. Ehe er an die eigentliche Arbeit geht, hat er eine mehr oder weniger genaue Vorstellung von den Dingen, nach denen er sucht: Berge, Flüsse, Vegetationsformen und manches andere. Er weiß, daß man sich in die Höhe begeben muß, um möglichst weit sehen zu können. Er hat gelernt, daß er das Vorgefundene sammeln und aufzeichnen muß, um nichts zu übersehen und anderen seine Entdeckungen mitteilen zu können. Er hat sich der Aufgabe verschrieben, nichts auszulassen und das von ihm untersuchte Gebiet in allen wichtigen Hinsichten vollständig zu beschreiben. Seine Probleme laufen in verschiedener Form auf Fragen wie die folgenden hinaus: Ist meine Darstellung zutreffend, wird sie den Gegebenheiten gerecht? Habe ich etwas übersehen, oder ist meine Liste jetzt vollständig?

Der Erfinder hingegen hat ganz andere Sorgen. Seine Entwürfe müssen auf besondere Weise in sich stimmig sein, um zu überzeugen. Will er sich gegen die Konkurrenz durchsetzen, müssen seine Schilderungen elegant sein und das Gepräge von Einfachheit und Symmetrie tragen. Kurz, während sich der Entdecker vor allem um Übereinstimmung, Richtigkeit und Vollständigkeit kümmert, sind die Probleme des Erfinders gewissermaßen ästhetischer Art. Harmonie, Einfachheit und Symmetrie mögen zwar auch der Sache des Entdeckers förderlich sein, doch für ihn sind sie ein nützliches, aber nicht unentbehrliches Extra. Der Erfinder hat ohne sie keine Aussichten: Konzepte, die nicht einleuchten, kann er nicht an den Mann bringen. Vor allem aber obliegt es dem Erfinder, nicht nur seinen Entwurf, sondern auch Sinn und Zweck seines Einfalls plausibel zu machen. Während sich der Entdecker zufrieden zurücklehnen kann, sobald er eine sachgetreue und vollständige Darstellung des von ihm erkundeten Gebiets gegeben hat, muß der Erfinder klarmachen, daß sein Plan nicht bloß funktioniert; darüber hinaus sollte dieser Plan einem Zweck dienen, den

die Menschen auch erreichen wollen. Schon manche Philoso-
phenutopien sind nicht deshalb auf wenig Gegenliebe gestoßen,
weil man Zweifel an ihrer Funktionstüchtigkeit hatte, sondern
deshalb, weil die Möglichkeit des Funktionierens den Menschen
Angst machte.

In mancher Hinsicht erinnert die Unterscheidung zwischen
Entdeckern und Erfindern an einen philosophischen Streit um die
richtige Deutung des Wahrheitsbegriffs. Manche meinen, das Wesen der Wahrheit liege in der Übereinstimmung zwischen dem
Bild, das wir uns machen, und der abgebildeten Sache: zwischen
einer Behauptung und der Wirklichkeit, von der die Behauptung
handelt. Von anderen Autoren wird gesagt: An die Sachen selbst
kommen wir ohnehin nicht heran, aber immerhin können wir te-
sten, ob unsere Aussagen kohärent sind. Die ersteren vertreten
eine Korrespondenztheorie, die letzteren eine Kohärenztheorie
der Wahrheit. Übereinstimmung ist eher eine Frage für den Entdecker, dessen Interesse einer von ihm unabhängigen Realität gilt;
Kohärenz ist ein Kriterium für den Erfinder, der sein Konzept
gern mit gleichsam ästhetischem Maßstab mißt.

Wer Entdeckungen zu machen trachtet und mit der Realität
übereinstimmende Behauptungen aufstellen will, hat ganz andere Probleme als jemand, der auf Erfindungen und Kohärenz bedacht ist. Der Entdecker fragt zunächst, ob es das, wonach er
sucht, wirklich gibt. Dazu braucht er ein Raster, das er an die
Wirklichkeit anlegen kann, so daß er sieht, ob das Gesuchte existiert oder nicht. Er versucht das Wesen der Dinge zu bestimmen,
um anhand wesentlicher Merkmale feststellen zu können, ob das
Gesuchte tatsächlich vorhanden ist. Er unterscheidet, wie etwa
Locke, zwischen primären und sekundären Eigenschaften, um
auf diese Weise Notwendiges und bloß Zufälliges auseinanderzu-

halten. Er trennt, wie fast alle Philosophen der Tradition seit Platon, die Substanz von ihren Attributen, um das Bleibende vom Veränderlichen zu scheiden. Der Philosoph als Erfinder bedient sich zwar mitunter der gleichen Begriffe wie der Entdecker, doch für ihn ist das, was unter diese Begriffe fallen soll, nicht unabhängig davon, welche Begriffe er gebraucht und wie er sie gebraucht.

Vor allem ist das Problem der Vollständigkeit und der Trennschärfe unserer Kategorien eher etwas für Entdecker als für Erfinder. Nur Entdecker können darauf hoffen, eine vollständige Liste der gesuchten Gegenstände aufzustellen. Hier muß man die Metapher allerdings mit Vorsicht verwenden. Wer wie Kant die Vollständigkeit seiner Kategorientafel nachweisen möchte, kann das nicht auf die gleiche Weise erreichen wie der Forschungsreisende, der eine vollständige Liste aller Flüsse und Berge eines fremden Gebiets aufstellen will. Die Vollständigkeit ergibt sich nicht als Resultat einer systematisch durchgeführten empirischen Suche, sondern als Antwort auf Fragen nach den allgemeinen Bedingungen der Möglichkeit der Anwendung solcher Kategorien und als Konsequenz des offensichtlich schwer zu führenden Beweises, daß die genannten Bedingungen allesamt nötig und zusammen hinreichend sind, um alle Gegenstände des betreffenden Bereichs zu erfassen.

Für den Erfinder ist Vollständigkeit nicht in der gleichen Weise ein Problem. Es mag zwar die Überzeugungskraft seines Entwurfs steigern, wenn zur inneren Stimmigkeit eine gewisse Vollständigkeit der Grundbegriffe hinzukommt, aber eine bruchstückhafte Skizze ist in manchen Fällen weit attraktiver. Er kann, wenn er dezidiert als Erfinder auftritt, weder Absolutheit noch Objektivität im Sinne des Entdeckers beanspruchen. Vielleicht will er gerade zeigen, daß Absolutheit und Objektivität illusorisch sind und durch Ziele wie Intersubjektivität und allgemeine Anerkennung ersetzt werden sollten.

Man sieht, der Erfinder ist ein durch und durch moderner Typ. Man kann zwar vielleicht zeigen, daß Aristoteles mehr vom Entdecker an sich hat als Platon; daß Berkeley in höherem Maße ein Erfinder ist als Descartes; und daß die Nominalisten weniger auf Entdeckungen im Bereich des reinen Denkens vertrauten als die Realisten. Aber fast alle früheren Philosophen sehen sich eher als Entdecker denn als Erfinder, während die Erfinder seit Kant eine bisweilen recht bedeutende Rolle spielen. Kant ist in dem seither **13** schwelenden Streit zwischen den beiden Gruppen eine Schlüsselfigur. Denn während sich die Entdecker gern auf die systematischen Errungenschaften, die trennscharfen Unterscheidungen, die Vollständigkeit der Kategorientafel und den Objektivitätsanspruch ihres Ahnherrn berufen, verschießen die Erfinder eine Menge Munition, die sie dem durch Kants Betonung der Spontanität und der konstruktiven Fähigkeiten unseres Verstandes angereicherten Arsenal entnehmen.

Die zunehmende Bedeutung der Erfinder geht mit einem Wandel in der Rolle philosophischer Probleme einher. Zum einen wird sich die Philosophie in ganz neuer Weise selbst zum Problem. Zum anderen wird in der Philosophie als Fach immer mehr Wert auf die genaue Artikulierung ihrer Probleme gelegt. Beide Tendenzen stehen in Zusammenhang mit zwei zentralen Begriffen, die seit dem Durchbruch der Erfinder ihrerseits eine beispiellose Erfolgsgeschichte erlebt haben. Dies sind der Begriff der Geschichtlichkeit und der Begriff der Sprache.

Spätestens seit Herder und Hegel ist in philosophischen Kreisen das Bewußtsein von der geschichtlichen Bedingtheit des eigenen Unterfangens gewachsen. Man sieht, daß bestimmte Arten des Philosophierens für bestimmte Epochen typisch sind, während andere Formen der Philosophie abdanken und in der Versenkung verschwinden. Und sobald man sich darüber klar wird, daß dieser stetige Wandel und diese Geschichte der fortwährenden Wachablösung seit über zweitausend Jahren anhält, verliert das optimistische Streben nach Allgemeingültigkeit, nach Absolutheit und Objektivität vieles von seiner bisher unbezweifelten Selbstverständlichkeit.

Damit stellt sich natürlich auch die Frage, inwiefern die von früheren Generationen behandelten Probleme die gleichen sein können wie die Probleme der eigenen Generation. Muß »Freiheit« für den Untertanen König Friedrich Wilhelms oder der Königin Victoria nicht etwas anderes sein als für die Zeitgenossen Platons, Senecas oder Hobbes'? Unterliegen nicht selbst Begriffe wie »Raum« und »Zeit« einem vielleicht unmerklichen, aber dennoch stetigen Wandel? In Anbetracht solcher Fragen fällt es schwer zu glauben, daß Menschen mit völlig unterschiedlichen Vorstellungen von Zeitmessung von den gleichen Problemen bezüglich des Zeitbegriffs heimgesucht werden.

Ganz ähnliche Resultate ergeben sich aus dem wachsenden Interesse der Philosophen an der Sprache. Je mehr man sich fragt, was unsere Worte bedeuten, desto ausgeprägter wird das Bewußtsein von der Verschiedenheit der Bedeutungen. Wie soll man die allgemeine, womöglich zeitlos gültige Bedeutung von Wörtern wie »Freiheit«, »Raum« und »Zeit«, »Ursache« und »Erkenntnis« angeben können, wenn diese Wörter nicht nur heute eine andere Bedeutung haben als vor einigen Jahrhunderten, sondern darüber hinaus im Deutschen anders verstanden werden als die entsprechenden Wörter des Englischen, Französischen oder Russischen –

sofern es so etwas wie »entsprechende Wörter« im strengen Sinne überhaupt gibt?

Derartige Überlegungen führen leicht zu einem gewissen Relativismus. Und dieser Begriff »Relativismus« wird von den Entdeckern gern gebraucht, um den – oft auch als »Konstruktivisten« oder »Idealisten« verschrieenen – Erfindern einen Vorwurf zu machen. Wer durch Erfindungen glänzen möchte, hat nichts dagegen, die Tradition hinter sich zu lassen und womöglich etwas ganz Neues zuwege zu bringen. Wer auf Entdeckungen aus ist, möchte auf dem gesicherten Bestand des Bisherigen aufbauend den bleibenden Vorrat an Erkenntnissen vermehren. Daher muß für ihn nicht nur der Bereich, in dem er seine Entdeckungen machen will, gleichbleiben, sondern auch die Probleme, die sich im Hinblick auf diesen Bereich stellen, müssen sich durch ein hohes Maß an Konstanz auszeichnen. **15**

Wer nicht von der Konstanz der philosophischen Probleme überzeugt ist, für den wird die Einheit der Philosophie selbst zum Problem. Falls die Probleme Platons grundverschieden waren von denen John Stuart Mills, Heideggers oder Quines, stellt sich die naheliegende Frage, mit welchem Recht hier von einer zweieinhalbtausendjährigen Thematik oder gar von einem Fach mit zweieinhalbtausendjähriger Geschichte die Rede sein kann.

Auf diese typischerweise von Erfindern und ihren Gesellen aufgeworfene Frage und die von ihr ausgehende Herausforderung haben die Entdecker reagiert, wie es ihrer Art entspricht. Auch sie, die Entdecker, nehmen das Bewußtsein von der Geschichtlichkeit des menschlichen Denkens und die Bedeutung der Sprachlichkeit dieses Denkens ernst. Eigentlich glauben sie sogar, daß der Ernst nur auf ihrer Seite ist, während die Erfinder im Verdacht der Frivolität stehen.

Die Entdecker glauben, im Grunde habe sich an den Problemen der Philosophen gar nichts geändert. Daher könne die Geschichte als Problemgeschichte – als Geschichte immer besserer Antworten auf stets gleichbleibende Fragen – erzählt werden. Niemand hat diese Einstellung prägnanter zum Ausdruck gebracht als Whitehead mit seinem Ausspruch, die Geschichte der Philosophie sei nichts weiter als Fußnoten zu Platon. Damit ist gesagt, daß die Probleme der Philosophie von vornherein da waren, daß die Philosophen von Anfang an und immerdar über die gleichen Fragen nachgedacht haben. Außerdem ist damit gesagt, daß sich einer bestimmten Art des Nachdenkens stets die gleichen Fragen stellen: Diese Fragen drängen sich auf; von ihnen wird der Philosoph heimgesucht. Probleme werden eben entdeckt, nicht erfunden.

16

Wer als Philosoph ein Entdeckertemperament hat, braucht deshalb aber weder die geschichtliche Bedingtheit des Philosophierens noch die Sprachlichkeit der philosophischen Begriffe zu leugnen. Vielmehr wird er sich davon ausgehend der Herausforderung stellen, seine Probleme so zu artikulieren, daß sie seinem Temperament entsprechend beantwortet werden können. Das heißt, er wird zeigen wollen, daß die bei historischer Betrachtung ins Auge springenden Unterschiede einen gleichbleibenden Kern verdecken: Die Unterschiede seien eben *bloß* geschichtlich bedingt; sie seien oberflächlich und beträfen nicht das Wesen der Sache. Ebenso verhalte es sich mit den sprachlichen Unterschieden. Was sprachlich differenziert werde, spiegele nur unterschiedliche Ausprägungen von etwas Konstantem.

Aus diesen Verschiedenheiten der Temperamente oder Einstellungen ergeben sich entsprechend grundverschiedene Vorstellungen vom Umgang mit den philosophischen Problemen. Wer, zumal als Erfinder, keine Kontinuität der philosophiegeschichtlichen Entwicklung sieht, wird sich von dieser Entwicklung absetzen und seine eigenen Probleme oder die Probleme seiner Zeit und seiner Gemeinschaft möglichst prägnant formulieren wollen. Wer hingegen aus der Perspektive des Entdeckers das Gefühl hat, ihm drängten sich die gleichen Probleme auf wie seinen Vorgängern, wird diese Probleme von ihrer äußeren Schale befreien und das stets gleichbleibende Wesen herausarbeiten wollen.

Wer etwa als Erfinder philosophische Sprachanalyse treibt, wird bei seinen Untersuchungen keinen Gedanken darauf verschwenden, ob er zu Ergebnissen gelangt, die in irgendeiner Weise mit den Vorstellungen Platons oder Kants zur Deckung gebracht werden können. Wer sich hingegen als Entdecker versteht, wird bei seinen sprachanalytischen Erkundungen nicht eher ruhen, als bis er seine Begriffe so bestimmt hat, daß er die Fragen und Antworten der Alten zur eigenen Zufriedenheit reformulieren und womöglich einer Lösung näherbringen kann.

Dabei läuft der Entdecker offenbar ein Risiko, das für den Erfinder gar nicht besteht. Wenn nämlich der Entdecker ein uraltes Problem befriedigend reformuliert zu haben glaubt, aber zugleich findet, daß er dieses Problem nicht sinnvoll interpretieren, geschweige denn lösen kann, bleibt ihm nichts anderes übrig, als von einem *Scheinproblem* zu reden. Wo ein Problem zu sein schien, war nur eine Chimäre. Hier muß ein Kapitel der Philosophiegeschichte abgehakt werden, ohne daß es einer Lösung nähergebracht worden wäre. Denn wenn es dieses Problem jetzt nicht gibt, dann hat es das Problem nie gegeben.

Demgegenüber kann sich der Erfinder auf den Standpunkt stellen, daß etwas, was für andere Philosophen ein Problem ist oder war, sich ihm selbst nicht als Problem darzubieten braucht.

Natürlich muß es, um überhaupt besprochen werden zu können, in gewisser Weise reformulierbar sein. Aber das bedeutet nicht, daß es ihn im mindesten dazu anregt, nach einer Lösung zu suchen. Aus seiner Sicht haben sich diese Probleme längst »aufgelöst«: Sie haben sich im Strudel der Geschichte zersetzt wie der Zucker in einer Tasse Kaffee.

Wer aus der Entdeckerperspektive Problemgeschichte schreibt, wird die Konstanz der Fragen betonen und die Fortschritte bei der Suche nach Lösungen herausstreichen. Die Reformulierung der alten, zeitlosen Probleme ist für ihn eine wichtige Aufgabe des Philosophen. Denn wie soll es Fortschritt geben können, wenn die Fragen nicht gleichbleiben? Die Arbeit an der Fragestellung ist für beide – Entdecker wie Erfinder – gleich wichtig. Doch während der Erfinder eine Antwort auf *seine* Fragen wünscht, zählt die Antwort für den Entdecker nur, wenn sie sich auf eine Frage bezieht, die auch Platon hätte stellen können.

Mit dieser Skizze ist eine Reihe von Gesichtspunkten umrissen, unter denen philosophische Probleme problematisch erscheinen können. Doch es ist für die Philosophie kennzeichnend, daß die meisten, die sich mit diesem Fach und seiner Geschichte beschäftigen, eine andere Auffassung vom Wesen philosophischer Probleme haben als ihre Kollegen. Würde man ein Dutzend Physiker oder Biologen, Volkswirtschaftler oder Kunsthistoriker auffordern, etwas über die Beschaffenheit der Probleme ihres Fachs zu sagen, liefe man Gefahr, daß die Antworten bis auf Nuancen gleichartig ausfielen. In der Philosophie ist dieses Risiko gering. Daher waren die Herausgeber des vorliegenden Bandes, als sie eine Anzahl von Philosophen um einen Beitrag zur Beantwortung der Frage »Was ist ein philosophisches Problem?« baten, von vornherein sicher, daß die Beiträge kein unerwünschtes Maß an

Überschneidungen aufweisen würden. Diese Zuversicht ist nicht enttäuscht worden. Über mangelnde Vielfalt der Antworten wird sich der Leser nicht beklagen können. Freilich wird er einige der oben genannten Gesichtspunkte in den folgenden Beiträgen wiederfinden. Aber ob er darin einen Beleg für die Konstanz der philosophischen Probleme oder für ihre bunte Mannigfaltigkeit erblickt, wird davon abhängen, ob er vom Temperament her zu den Entdeckern oder eher zu den Erfindern gehört.

Rüdiger Bittner
**Probleme, theoretische Probleme,
philosophische Probleme**

»Was ist ein ›philosophisches‹ Problem?« Nun, was ist überhaupt
ein Problem? Eine Schwierigkeit, in der man steckt. Ich habe finanzielle Probleme – das ist dann der Fall, wenn es mir deshalb
schwer wird zu tun, was ich vorhabe oder was ich soll, weil ich zu
wenig Geld habe. Ein Politiker hat ein Image-Problem – die Leute
mögen ihn nicht, und das erschwert ihm seinen Weg. Otto hat
Probleme mit seiner Freundin – zwischen ihnen ist irgendeine Art
von Streit, und der macht ihm das Leben schwer.

Das sind Probleme, aber es sind nicht theoretische Probleme.
Theoretische Probleme bilden eine besondere Art von Problemen;
diejenigen, die einem, statt etwa den weiteren Weg als Politiker, den
weiteren Weg als Erkennender und Begreifender schwermachen.
Sagen wir, mir will die Lehre nicht in den Kopf, daß die Menge der
geraden Zahlen ebenso groß ist wie die Menge der natürlichen
Zahlen: Dann habe ich ein theoretisches Problem. Ich hatte mich
vielleicht aufgemacht, Mengenlehre zu verstehen, und das wird
mir nun schwer, weil ich diesen Satz nicht einsehe. Oder ich wollte
den harmonischen Ablauf eines Schumann-Liedes verstehen und
finde für einen Akkord keine Deutung. Dann habe ich ein theoretisches Problem: Ich bin auf meinem Einsichtsweg gehemmt.

Probleme sind hiernach etwas, was jemand hat. Wenn statt dessen von Problemen, gewöhnlich von theoretischen Problemen, geredet wird, die einfach bestehen, so ist damit gemeint, daß normalerweise oder in aller Regel Leute dies Problem bekommen, die sich zu dem entsprechenden Unternehmen aufmachen. Der Untergang der Maya-Kultur *ist* ein historisches Problem, das heißt, wer mittelamerikanische Frühgeschichte studiert, *hat* früher oder später das Problem.

Und weil Probleme etwas sind, was jemand hat, sind nicht alle schwierigen Dinge auch schon Probleme. Für mich ist es äußerst schwierig, auf den Händen die Treppe hinaufzugehen, aber ein Problem ist das für mich nicht. Auf keinem meiner Wege behindert mich diese Schwierigkeit. Der ursprüngliche Sinn des griechischen Wortes ›problema‹ ist: etwas, das man jemandem vor die Füße wirft; und das heißt eben, daß man es ihm in seinen Weg legt. Auf den Händen die Treppe hinaufzugehen, das ist für mich eine Schwierigkeit irgendwo im Wald.

Philosophische Probleme sind theoretische Probleme. Man möchte etwas begreifen, und irgendwo strandet man und sitzt fest. Problem ist das, wo man, momentan oder auf die Dauer, mit dem Einsehen nicht durchkommt.

Ein Beispiel aus der Moralphilosophie. Wer sich klar darüber werden möchte, was moralische Forderungen, die ihm in seinem Leben entgegentreten, für eine Bedeutung haben, der mag so überlegen: Wenn moralische Forderungen irgendeinen berechtigten Anspruch haben, so verdanken sie ihn nicht der Autorität dieses oder jenes Menschen, der gerade diese Forderungen erhebt, sondern umgekehrt, diese Menschen sprechen, wenn ihre Forderungen ein Recht haben, im Namen einer höheren Autorität, als sie selbst sind. Diese Autorität nun, wenn sie überhaupt einen berechtigten Anspruch hat, hat auch den Anspruch, daß das Individuum gegebenenfalls ihr sich beugt. Aber sich zu beugen kann dem Individuum nicht vernünftig zugemutet werden, außer es kann sich davon einen anderen Vorteil versprechen, und dann haben wir nicht mehr die Art von Handeln, die moralischerweise gefordert ist. So scheinen moralische Forderungen entweder keine oder nur eine solche Autorität zu haben, die den Individuen einen ihnen selbst nicht mehr einsichtigen Gehorsam abverlangt – beides Möglichkeiten, in denen ein Überlegender das, was er als moralische Forderungen kannte, wohl nicht mehr wiederfindet. Aber das, was er kannte, versuchte er zu begreifen, und dem stellt sich die gerade beschriebene Überlegung in den Weg. Er hat also ein Problem.

23

Ein anderes Beispiel, aus der Philosophie der Mathematik. Einer, der rechnen gelernt hat, mag sich klar darüber werden wollen, was mit den arithmetischen Sätzen gesagt ist, deren Wahrheit er eingesehen hat. Einer alten Tradition folgend mag er sich überzeugen, daß diese Sätze nicht von Kreidestrichen auf seiner Tafel oder von Stöckchen im Sand handeln, schon deshalb, weil unter den Sätzen, die er beherrscht, auch solche sind, für die es zu wenig Kreidestriche oder Stöckchen gibt, als daß sie von ihnen handeln könnten. Also wird er denken, diese Sätze handeln von abstrakten Gegenständen. Aber das macht es schwierig zu erklären, wie wir von manchen dieser Sätze wissen können, daß sie wahr sind. Wir wissen von Dingen nur, möchte man meinen, wenn wir direkt oder auf einem Umweg mit ihnen in Berührung gekommen sind, und mit abstrakten Gegenständen kommen wir irdischen Wesen auf keine Weise in Berührung. Damit hat unser Überlegender ein Problem. Denn wenn darüber, wovon arithmetische Sätze handeln, nur eine Auskunft sich geben läßt, die eine Erkenntnis von ihnen gerade unverständlich macht, so sitzt er mit seinem Aufklärungs-Unternehmen fest. Denn er hat diese Sätze von Anfang an als manchmal wahr und einsehbar wahr kennengelernt.

Beide Probleme sind übrigens aus der Literatur entnommen. Der Fundort des ersten: Immanuel Kant, Grundlegung zur Metaphysik der Sitten, (1785) Akademie-Ausgabe Band 4, Seite 432 f. Der Fundort des zweiten: Paul Benacerraf, Mathematical truth. (1973) in: Benacerraf/Putnam (Hrsg.), Philosophy of mathematics. Selected readings, Cambridge University Press 1983.

Philosophische Probleme sind theoretische Probleme, das lohnt sich zu bekräftigen. Viele meinen, etwa im Gefolge der Existenzphilosophie, daß philosophische Probleme praktische sind und da sogar zentrale Bedeutung für unser Leben haben. Und so viel ist wahr: durch Erfahrungen, insbesondere Erfahrungen, die einem Leid bringen oder einen tief treffen, mag einer auf philosophische Fragen und in philosophische Probleme geführt werden. Angesichts eines Toten, vielleicht eines Toten, an dem man hing, mag man sich fragen, was der menschliche Geist ist. Tatsächlich geschieht etwas Derartiges, wie ich vermute, eher selten: Was uns umhaut, läßt uns auch nicht Atem fürs Philosophieren. Aber geschehe es auch häufig: Damit sind nur Anlässe beschrieben, aus denen man eine philosophische Frage aufnimmt und möglicherweise in ein philosophisches Problem gerät, und Anlässe sind dem, wofür sie Anlässe sind, äußerlich. Selbst wenn es also die tiefgehenden Erfahrungen sind, die uns in philosophische Probleme treiben, ändert das nichts daran, daß diese Probleme uns bei dem Versuch in den Weg treten, Dinge zu begreifen.

Manchmal wird auch gesagt: philosophische Probleme sind Lebensprobleme. Aber wenn das heißt: philosophische Probleme handeln vom Leben oder vom eigenen Leben, so ist es in vielen

Fällen falsch, wie beide eben angeführten Beispiele zeigen. Wenn es aber heißt: philosophische Probleme begegnen einem im Leben, so ist es wahr, aber trivial. Alle Probleme, nicht nur die philosophischen, begegnen einem im Leben. Das Image-Problem hat jemand, der hinter seiner politischen Karriere her ist, das philosophische Problem hat jemand, der hinter Einsicht her ist: Leben ist beides.

Und welche Art von theoretischen Problemen sind philosophische Probleme? Es gibt physikalische und historische und musikwissenschaftliche und eben auch philosophische Probleme: Was zeichnet diese aus? Nichts in der Sache, nur eine Tradition. Grob **25** gesprochen, philosophische Probleme sind Probleme, die man von Philosophen behandelt zu sehen erwartet, und Philosophen sind die Leute, die intellektuell von Philosophen abstammen, bis hinauf zu Platon, der als erster ein Konzept von Philosophie entwickelt hat. Das ist grob, nicht allein wegen der vorsokratischen und wegen der fernöstlichen Philosophie – beides Analogiebildungen. Es ist grob vor allem, weil viele Nachfahren Platons tatsächlich nicht Philosophen sind, sondern etwa Physiker oder Psychologen oder auch Musikwissenschaftler. Man müßte also die Geschichte der Abgrenzungen von Philosophie innerhalb der Schule Platons im einzelnen nachfahren, um die Tradition genau zu bezeichnen, zu der zu gehören ein Problem zu einem philosophischen macht. Aber das ist auch alle Auskunft, die in dieser Sache zu holen ist.

Im Hinblick auf diese Geschichte ist oft von einem Selbständigwerden und Heraustreten der Wissenschaften aus der Philosophie die Rede gewesen, und die Philosophie galt entsprechend als deren Mutter. Aber in den Branchenverzeichnissen werden neuerdings die Gastroenterologen auch gesondert, nicht mehr unter den Internisten ausgewiesen: Nichts Aufregenderes verbirgt sich hinter jenem angeblichen Emanzipationsvorgang. Philosophie ist nicht ein Unternehmen mit einem Ziel oder gar einer Methode, von dem man sich auch nur selbständig machen könnte. Philosophie ist das Sammelsurium von Überlegungen, die aus irgendwelchen Gründen im Lauf der Zeit unter diesem Titel abgeheftet worden sind. Ein Problem ein philosophisches nennen heißt, eine bibliothekarische Auskunft geben, nicht mehr.

Warum sind dann philosophische Probleme so besonders wichtig? Sind sie nicht. Nur manche philosophischen Probleme sind wichtig für manche Leute, und das gilt von allen Problemen.

26

Michael Dummett
Begriffsanalysen ohne Definitionshoheit

Was ist ein philosophisches Problem? Anders gefragt: Wie bringen wir es fertig, zur Lösung eines philosophischen Problems zu
gelangen – oder, realistischer gesprochen: zu einem Ergebnis, das
sich hoffentlich als Lösung erweisen wird? Unsere Mittel sind rationale Diskussion und rationale Reflexion. Wir konstruieren deduktive Argumente, die in eine Lösung münden. Dabei bemühen
wir uns, die Begriffe, mit deren Hilfe das Problem formuliert wurde, zu klären. Wir ersinnen Argumente gegen vorgeschlagene
Konkurrenzlösungen und Widerlegungen von Argumenten gegen
die von uns selbst bevorzugte Lösung. Kurz, was wir treiben, ist
logisches Denken. Anders als etwa der Historiker, sind wir nicht
bestrebt, bislang unbekannte Tatsachen ausfindig zu machen, um
unsere eigene Lösung zu untermauern. Anders als etwa der Astro-
nom, verfügen wir nicht über spezielle Instrumente zur Ermittlung solcher Tatsachen. Wenn man von Gedankenexperimenten
absieht, führen wir auch keine Versuche durch, um zu beurteilen,
ob wir uns für eine Theorie oder eine Gegentheorie entscheiden
sollten. Alle Tatsachen, die wir ins Feld führen, sind bereits be-
kannt. Normalerweise sind es Fakten, über die jeder Bescheid
weiß, aber mitunter sind es Fakten, die nur den Spezialisten be-

kannt sind. Weder im einen noch im anderen Fall war es jedoch die Aufgabe des Philosophen, diese Tatsachen zu entdecken: Sofern es überhaupt eines Nachweises bedurfte, wurde er von anderen erbracht und dem Philosophen vorgelegt, um nach Gutdünken damit zu verfahren. Die Philosophie ist eine Lehnstuhl-Beschäftigung, ein peripatetisches oder, wie man heute vielleicht zutreffender sagen könnte, ein Desktop-Fach.

Was für eine Art von Problem ist das, die sich durch nichts weiter als logisches Denken lösen läßt? Was für eine Art von theoretischem Fach ist das, dessen einzige Methode das logische Denken ist? Den alten Griechen wäre diese Frage zweifellos sonderbar vorgekommen. Nach ihrer Auffassung war die theoretische Forschung ein einheitliches, nicht in Spezialgebiete oder »Fächer« unterteiltes Streben, dessen allgemeine Methode im logischen Denken bestand, das seinerseits, wenn es um bestimmte Gegenstände ging, von der allen zu Gebote stehenden Beobachtung unterstützt wurde. Wir jedoch – und dazu gehören auch alle, die stark zum Rationalismus neigen – sind in zu hohem Maße vom Empirismus beeinflußt und zu sehr von den Erfolgen der Naturwissenschaften beeindruckt, als daß wir die in der Frage steckende Herausforderung abtun könnten. Sie verlangt eine Antwort.

Als Fach steht die Philosophie nach wie vor in hohem Ansehen, und sie ist ein Fach, für das sich – außer in Großbritannien – auch ein Publikum aus Nichtfachleuten interessiert. Nach wie vor ist die Philosophie ein Fach, das vom Staat subventioniert wird. Jede Universität hat ein philosophisches Seminar – in Schottland haben sie sogar zwei –, und keine Universität wäre heute imstande, ohne finanzielle Unterstützung von Seiten des Staates zu überleben. Fast alle, die sich ernsthaft mit Philosophie befassen, sind als Universitätsdozenten und -forscher tätig. Es gibt nur sehr wenige

Menschen, die auf andere Weise ihren Lebensunterhalt verdienen und dennoch genügend Zeit finden könnten, um philosophisch zu arbeiten. Daher werden sie – oder zumindest die meisten von ihnen – durch staatliche Subventionen unterstützt. Aber warum hat jede Universität ein philosophisches Seminar? Zum Teil ist es zweifellos eine Sache der Tradition: Die Universitäten haben halt immer schon philosophische Seminare gehabt.

Aber es liegt auch daran, daß die Philosophie als Fach nach wie vor Ansehen genießt. Doch da stellt sich wieder die Frage, warum die Philosophie weiterhin mit Respekt betrachtet wird. An ihren Erfolgen kann es sicher nicht liegen. Sie hat äußerst geringe Erfolge zu verzeichnen. Es gibt in der Tat nur wenig Probleme, die sie mit Glanz und Gloria gelöst hat. In den letzten paar Jahren ist es geschehen, daß Philosophen aufgefordert wurden, ihr Expertenurteil über die vielen neuen ethischen Probleme abzugeben, die sich aus dem erstaunlichen Fortschritt der medizinischen Technik ergeben haben. Diese Entwicklung ist jedoch viel zu neuen Datums, um das von der Philosophie genossene Ansehen zu erklären sowie die öffentlich gewährten Subventionen, die der Philosophie dadurch zugute kommen, daß sie weiterhin an den Universitäten gelehrt und studiert wird. Man hätte damit rechnen können, daß dieses Ansehen und diese Subventionen aufgrund des von allgemeiner Skepsis gegenüber dem Wert des Fachs ausgehenden Drucks dahingeschwunden wären. Freilich sind die von der Philosophie gestellten Fragen offenkundig von Bedeutung und gehen alle Menschen an. Doch welche Anzeichen gibt es dafür, daß sie die Antworten zu geben vermag?

Die Antwort – oder zumindest ein Teil der Antwort – liegt an einem unvermuteten Ort. Außer der Philosophie gibt es nämlich noch ein weiteres Fach, dessen Methodologie nichts weiter beinhaltet als logisches Denken ohne weitere Unterstützung. Das ist die Mathematik. Für den Empiristen ist die Mathematik ein Skandal. Sie stellt, ebenso wie die Philosophie, keine Beobachtungen an, sie führt keine Experimente durch und sie bedient sich keiner speziellen Instrumente (es sei denn, der Computer wird zu einem anerkannten Instrument mathematischer Entdeckungstätigkeit). Gebraucht wird nichts außer dem deduktiven Schließen, das zusammen mit ein wenig Begriffsanalyse zum Einsatz kommt. Sie bestätigt die von Frege gegen Kant verfochtene These, daß deduktives Denken die Erkenntnis voranbringen kann. Aber anders als im Fall der Philosophie sind die Erfolge der Mathematik äußerst beeindruckend und für alle offenkundig. Möglicherweise hätte man die Mathematik als ein öffentlicher Subventionen unwürdiges Spezialistenamüsement verworfen, wäre da nicht die Tatsache, daß sie für die Naturwissenschaften – vor allem für die Physik – so unentbehrlich und nützlich ist. Die Philosophie kann ebenfalls beanspruchen, daß sie in den Naturwissenschaften gebraucht wird. Die richtige Interpretation der Quantenmechanik etwa ist schließlich ein philosophisches Problem. Doch daß die Naturwissenschaftler Hilfe von seiten der Philosophen brauchen, springt weit weniger ins Auge als ihr Bedürfnis nach Unterstützung durch die Mathematiker. Die meisten Naturwissenschaftler sind überzeugt, daß sie alles, was sie an philosophischer Reflexion benötigen, aus eigener Kraft leisten können. Es ist ein ganz indirekter Weg, auf dem die bejubelten Ergebnisse der Mathematik für die Philosophie Bedeutung gewinnen. Diese Resultate widerlegen eine grob empiristische Bewertung der theoretischen Fächer. Der Erfolg der Mathematik beweist, daß es möglich ist, Fortschritte auf dem Gebiet der Erkenntnis und des Verstehens allein mit Hilfe des logischen Denkens zustande zu bringen. Könnte man der natürlichen Skepsis gegenüber der Vorstellung, theoretischer Fortschritt sei auf diese Weise möglich, nicht durch ein derart eklatantes Gegenbeispiel beikommen, hätte sich die Philosophie nach meiner Überzeugung schon von dieser Skepsis unterkriegen lassen müssen. In erheblichem Maße verdanken wir es unseren Kollegen von der Mathematik, daß wir uns gegen den sonst sicher aufgekommenen Zweifel schützen können, ob wir nicht öffentliche Gelder und unsere eigene Zeit vergeuden.

Sowohl die Mathematiker als auch die Philosophen befassen sich mit Begriffsanalyse. Doch sie verfahren dabei in ganz unterschiedlicher Form und mit grundverschiedenen Zielsetzungen. Wenn Mathematiker bestrebt sind, die Begriffe der Kontinuität, der Dimension oder der Gleichzahligkeit zu definieren, geht es ihnen nicht um die Frage, ob es auf diese Weise gelingt, die Begriffe so zu erfassen, wie sie alltagssprachlich allgemein verstanden werden. Im Gegenteil, sie sind stolz darauf, über die Begriffe hinauszugehen, die von normalen Sprechern ohne mathematische Fachkenntnisse mit den betreffenden Ausdrücken in Verbindung gebracht werden. Die Hauptziele der Mathematiker sind Genauigkeit und Allgemeinheit. Sie wollen, daß ihre Definitionen ganz scharf umrissene Begriffe bestimmen, die keine Grenzfälle zulassen und eine Basis für unwiderlegbare deduktive Schlüsse bereitstellen. Außerdem wollen sie, daß diese Begriffe in möglichst vielfältigen Kontexten anwendbar sind. Die Ziele der Philosophen sind ganz anderer Art. Ihr Interesse gilt den Begriffen, wie wir sie im normalen Leben auffassen. Die Philosophen sind darauf bedacht, diese Begriffe zu sondieren und ihre innerste Struktur aufzuzeigen. Häufig werden sie feststellen, daß die Begriffe mehrdeutig oder verworren sind. Sie wollen verschiedene Begriffe auseinanderhalten, die das Alltagsdenken nicht unterscheidet, sondern als Bestandteile der Bedeutung eines Ausdrucks unserer Sprache verschwimmen und ineinander übergehen läßt. Dabei kann es vorkommen, daß die Philosophen neue Definitionen der verworrenen Begriffe vorschlagen. Aber es geht ihnen nicht darum, den mehrdeutigen Alltagsbegriff schlicht über Bord zu werfen, wie es der Mathematiker gern tut, sondern sie möchten die Mehrdeutigkeit des Begriffs deutlich machen und zeigen, wie sich diese Mehrdeutigkeit auf unser Denken auswirkt. Es kann sogar vorkommen, daß sich der Alltagsbegriff durch die philosophische Untersuchung nicht bloß als mehrdeutig, sondern als unheilbar inkohärent erweist. In dem Fall werden die Philosophen natürlich die Preisgabe des Begriffs empfehlen. Aber selbst wenn die Preisgabe unumgänglich ist, gilt das Interesse der Philosophen in erster Linie dem Alltagsbegriff. Ihr Ziel ist die Klärung unseres Denkens, und um das zu erreichen, ist der Nachweis der Inkohärenz eines normalerweise benutzten Begriffs unerläßlich. Für den Mathematiker ist ein inkohärenter Begriff schlicht unnütz und muß daher außer Betracht bleiben. Dem Mathematiker liegt nichts an einer Klärung unseres Denkens – er will nur seinerseits möglichst klar und nutzbringend denken.

Obwohl die Begriffsanalyse in der Mathematik manchmal einen wichtigen Schritt bildet, ist sie natürlich bei weitem nicht ihre Hauptaufgabe. Beweise sind das wichtigste Geschäft der Mathematik. Die Begriffsanalyse liefert eine Basis für Beweise, und darum ist sie manchmal eine unentbehrliche Vorbereitung auf den Beweis. Nun fragt es sich, ob Begriffsanalyse die Hauptaufgabe oder, wie manche behauptet haben, sogar das einzige Geschäft der Philosophie ist. Oder ist sie in der Philosophie ebenso wie in der Mathematik nichts weiter als eine unentbehrliche und häufig schwierig zu absolvierende Vorbereitung auf das Hauptgeschäft, mit dem der in diesem Fach Tätige vorankommen möchte? Sollte der Philosoph darauf bedacht sein, *Resultate* zu erzielen, also zweifellos auf dem Wege deduktiven Denkens erreichte Schlußfolgerungen, die dann, sofern ihre Gültigkeit von den anderen Philosophen anerkannt wird, als philosophisch untermauerte Ergebnisse von Dauer sind?

Die zweite der eben genannten Antworten muß mit der Tatsache zurechtkommen, daß die von den einen Philosophen gezogenen Schlußfolgerungen von den anderen Philosophen nur selten als gültig anerkannt werden. Woran liegt das? Und was sollten die Philosophen im Hinblick auf diese Tatsache tun und durch ihr Tun zu erreichen trachten? **33**

Von Zeit zu Zeit kommt es vor, daß Mathematiker fehlerhafte Beweise aufstellen und veröffentlichen. Sie betrachten zum Beispiel eine Reihe von Fällen und zeigen, daß ihre Behauptung auf jeden dieser Fälle zutrifft; doch dabei haben sie einen anderen Fall, in dem die Behauptung nicht gilt, übersehen. Häufig kommt das in der Mathematik allerdings nicht vor; und wenn es einmal geschieht, wird früher oder später von jemandem darauf hingewiesen. Dann werden alle einsehen, daß der Beweis einen Fehler enthielt, und vielleicht wird ein Gegenbeispiel gegen den vermeintlichen Lehrsatz ausfindig gemacht. So verhält es sich in der Philosophie ganz und gar nicht. In diesem Fach ist Meinungsverschiedenheit die Situation, mit der man rechnet. Nur selten wird ein von einem Philosophen vorgelegtes Argument von den meisten anderen als zwingend anerkannt. Woher rührt dieser Gegensatz?

Der Gegensatz ist offensichtlich auf den Unterschied zurückzuführen, der zwischen der Ausgangsbasis des mathematischen Denkens und der Ausgangsbasis des philosophischen Denkens besteht. Spinozas Traum, die Philosophie könne ebenso wie eine mathematische Theorie von allgemein anerkannten Axiomen und allgemein anerkannten Definitionen ausgehen und durch fraglos gültige Schlußschritte voranschreiten, lief dem Wesen des Fachs völlig zuwider. Wir Philosophen verfügen nicht über allgemein akzeptierte Axiome, an denen unser Denken ansetzen kann. Die verschiedenen Zweige der Philosophie untersuchen keine verschiedenen Strukturen oder Klassen von Strukturen, die sich axiomatisch kennzeichnen lassen. Der Philosophie werden Begriffe vorgelegt, über die wir als Sprecher einer auch von anderen gesprochenen Sprache seit eh und je verfügen. Außerdem werden ihr allgemeine Aussagen vorgelegt, in denen diese Begriffe enthalten sind. Es sind von anderen Philosophen vertretene Aussagen und Aussagen, die uns ebenso wie den Nichtphilosophen zwar zwingend, aber zur gleichen Zeit rätselhaft vorkommen. Und häufig sind es Aussagen, die einander widersprechen, ohne daß ohne weiteres zu erkennen wäre, wie man den Konflikt zwischen ihnen auflösen soll. Außerdem werden der Philosophie ganz allgemeine Fragen vorgelegt, bei denen nicht auf den ersten Blick zu erkennen ist, wie man sie beantworten soll. Philosophische Verwirrung wird zunächst oft durch den Wunsch ausgelöst, solche Aussagen zu bewerten und solche Fragen zu beantworten. Die Philosophen beschäftigen sich nur selten ein wenig mit Begriffsanalyse, weil das nun einmal ihr Metier ist, sondern sie befassen sich damit im Zuge eines Versuchs, die Verwirrungen aufzudröseln, zu denen diese allgemeinen Sätze und diese allgemeinen Fragen Anlaß geben. Außerdem verfügen sie nicht über eine gesicherte Methode, an die sie sich dabei halten können. Sie wissen, daß man, wie das Beispiel der Mathematik zeigt, durch deduktives Denken sehr weit kommen kann. Aber im Gegensatz zu den Mathematikern schreiten sie nicht über eine feste, aufgeräumte Oberfläche, sondern über Sumpfboden. Sie gehen mit Begriffen um, die sie nicht präzise zu definieren wissen und die vielleicht nicht einmal eine genaue Definition zulassen. Sie verfügen auch nicht über gesicherte Grundwahrheiten, auf die sie sich beim Nachdenken über solche Begriffe stützen können.

Wie sind solche Aussagen und solche Fragen beschaffen? Ein Satz, der von Menschen ohne alle Philosophiekenntnisse häufig vertreten wird, lautet: »Wenn wir beide etwas sehen, was wir übereinstimmend als ›rot‹ bezeichnen, kann ich nicht wissen, ob du nicht etwas siehst, was wir beide ›gelb‹ nennen.« Normalerweise wird der Satz weniger klar formuliert als hier, aber gemeint ist das gleiche. Eine überaus naheliegende Frage, die fast jeder an sich selbst oder an andere richtet, besagt: »Haben wir jeder eine Seele, die auch nach dem Tod weiterlebt?« Ein wenig Raffinement, aber nicht unbedingt Vertrautheit mit philosophischen Schriften ist nötig, um die nächste Frage zu stellen: »Folgt aus der Behauptung der Willensfreiheit, daß wir manchmal erste Ursachen sind?« Hinter dieser Frage steckt folgende Überlegung: Auf die Frage, warum etwas geschehen sei, wird normalerweise mit der Angabe der Ursache geantwortet. Wir können die Kausalreihe zurückverfolgen und fragen, warum es zu dieser Ursache gekommen ist, woraufhin uns *deren* Ursache genannt wird. Doch sobald wir bei der Ermittlung des Grundes für das Eintreten des ersten Ereignisses auf eine absichtliche menschliche Handlung stoßen, fragen wir nicht weiter nach, jedenfalls dann nicht, wenn es sich um eine normale Alltagserkundigung handelt. Nun mag man zwar fragen, warum der Akteur gerade so gehandelt hat, doch darauf wird man mit der Angabe eines Motivs antworten, und ein Motiv ist nicht das gleiche – jedenfalls nicht offensichtlich das gleiche – wie eine Ursache. Oder es wird kein Motiv genannt, sondern schlicht festgestellt, danach habe dem Akteur eben der Sinn gestanden. Einerlei, ob ein Motiv genannt wird oder nicht – *hier* hören wir auf »Warum?« zu fragen. Daß jemand absichtlich und mit einem bestimmten Motiv – oder weil ihm eben der Sinn danach stand – gehandelt hat, ist ein ausreichender Grund dafür, daß es geschehen ist. Es bedarf keiner weiteren Erklärung. So wird der Akteur oder seine absichtliche Handlung als erste Ursache hingestellt. Die Frage ist nun, ob das das gleiche *bedeutet* wie die Behauptung, der Akteur habe aus freiem Willen gehandelt. Sobald diese Frage beantwortet ist, werden wir darüber hinaus fragen wollen, ob es *richtig* ist, absichtliche menschliche Handlungen als erste Ursachen zu interpretieren.

Ähnliche Fragen werden auch von den Philosophen gestellt, wobei sie sich auf Begriffe stützen, mit denen sie aufgrund ihrer philosophischen Untersuchungen vertraut sind, während sie Nichtphilosophen unbekannt sind, obwohl manche dieser Begriffe nicht schwer zu erklären sind. So kann ein Philosoph etwa die Frage stellen, ob es möglich wäre, die Realität vollständig zu beschreiben, ohne dabei Indikatoren (also Wörter wie ›ich‹, ›hier‹ und ›jetzt‹) zu verwenden.

Diese – und daneben natürlich noch zahllose andere – Aussagen und Fragen liefern Beispiele für philosophische Probleme. Manche Philosophen mit positivistischen oder wittgensteinianischen Tendenzen erachten sie vielleicht durchweg für Scheinprobleme. Ihrer Ansicht nach scheinen sich diese Fragen zu stellen, weil wir unserer eigenen Begriffe nicht so recht Herr sind: Wir verstehen die eigene Sprache nicht ganz. Ob es sich nun um Scheinprobleme handelt, die aufgelöst werden müssen, oder um echte Probleme, die der Lösung harren – es ist jedenfalls die Aufgabe der Philosophie, sie zu behandeln, sei es als Symptome einer zu heilenden Krankheit oder als Aufforderungen zum Nachweis der Wahrheit von Aussagen über bestimmte allgemeine Gegenstände. Für denjenigen, der die Frage gestellt hat, spielt es keine große Rolle, ob das Problem echt war oder unecht. Der Nachweis, daß die Frage sinnlos war, dient normalerweise dem gleichen Zweck wie eine Antwort auf die Frage. Wer fragt, ob er eine Seele hat, die nach seinem Tod weiterleben wird, möchte wissen, wie es nach dem Tod um ihn bestellt sein wird oder ob es dann in keiner Weise um ihn bestellt sein wird. Wird er zu der Überzeugung gebracht, daß es sinnlos ist, vom Weiterleben der Seele nach dem Tod zu reden, läuft das für ihn auf das gleiche hinaus wie eine negative Antwort. Für den Fragesteller spielt es keine große Rolle, ob eine positive Antwort falsch oder sinnlos gewesen wäre.

Das gleiche gilt auch für die Philosophenfrage bezüglich Wirklichkeit und Indikatoren. Das Problem läßt sich theologisch wie folgt formulieren: Wenn ein Schmerzerlebnis jetzt vorbei ist, dann muß Gott, der ja alles weiß, wissen, daß es vorbei ist. Aber was weiß Er denn eigentlich, wenn Er das weiß? Handelt es sich um nichts weiter, als daß die Empfindung meiner Freude über das Ende vorausging? *Das* ist jedoch gewiß nicht das, worüber ich mich freue, denn das ist etwas, was ich auch vor Beginn der Empfindung selbst schon gewußt hätte. Um Gott Kenntnis von dem, worüber ich mich freue, zuzuschreiben, muß man den Inhalt Seines Wissens auf deutsch mit Hilfe des Wortes ›jetzt‹, mit Hilfe eines gleichbedeutenden Gebrauchs der Gegenwartsform oder mit Hilfe eines sonstigen Äquivalents zum Ausdruck bringen. Aber *kann* Gott überhaupt Gedanken haben, die auf diese Weise ausgedrückt werden müssen? (Ein Philosoph von heute würde hier vielleicht von ›Jetzt‹-Gedanken sprechen.) Die Annahme wider-

37

spricht doch der Vorstellung, daß Gott unzeitlich existiert – daß Er gar nicht in der Zeit ist. Es sieht nicht so aus, als ließe sich das Problem durch Taschenspielertricks mit dem Begriff der Sinnlosigkeit in Luft auflösen. Egal, welcher der zur obigen Formulierung des Problems benutzten Begriffe für sinnlos erklärt wird, auf jeden Fall wird entweder die eine oder die andere Antwort folgen.

Es wäre völlig verfehlt, wollte man meinen, daß die philosophische Reflexion über ein Problem nie oder nur selten zu dem Schluß führt, eine bestimmte Zusammenstellung von Wörtern, die einen klaren Sinn zu haben schien, habe in Wirklichkeit gar keine Bedeutung. Im Gegenteil, das wird recht häufig geschehen. Dennoch ist es meiner Ansicht nach falsch, daraus zu folgern, daß diese Art der Reflexion keine Lösung des Problems ergibt, sondern das Problem zum Verschwinden bringt. Daraus folgt, daß Wittgenstein ebenfalls unrecht hatte, als er behauptete, die Lösung eines philosophischen Problems könne nie als These formuliert und durch Worte zum Ausdruck gebracht werden. Der Inhalt einer solchen These wird normalerweise nicht offenkundig sein, sofern man sie nicht vor dem Hintergrund des Gedankengangs, durch den man darauf gekommen ist, versteht. Nichtsdestoweniger handelt es sich um eine Wahrheit, die ausgesprochen werden kann.

Über welche Mittel verfügen die Philosophen, um solche philosophischen Probleme anzugehen? Der Positivist oder Wittgenstein-Anhänger hat recht, wenn er sagt, alle diese Probleme entstünden, weil wir unsere eigenen Begriffe nur unvollkommen begreifen. Wäre unser Verständnis dieser Begriffe vollkommen, würden sie uns nicht verwirren, sondern die Antworten lägen einfach auf der Hand. Der Philosoph muß die Probleme durch reines Nachdenken lösen – oder auflösen. Manchmal mag es vorkommen, daß er im Zuge seiner Überlegungen die Berufung auf empirische Tatsachen – und vielleicht sogar auf Ergebnisse der avanciertesten naturwissenschaftlichen Forschung – für wichtig hält, aber er kann nicht damit rechnen, daß die Lösung von der empirischen Forschung geliefert wird. In dem Fall wäre das Problem von vornherein kein philosophisches gewesen. Also müssen die Überlegungen des Philosophen darauf gerichtet sein, zu einem klareren oder tieferen Verständnis jener Begriffe vorzudringen, die bei der Formulierung des Problems eine Rolle spielen. In diesem Sinne hatte G. E. Moore recht, als er meinte, die Aufgabe der Philosophie erschöpfe sich in der Begriffsanalyse. Es ist aber keine Begriffsanalyse der Form, mit der sich der Mathematiker gelegentlich beschäftigt, wenn er auf der Suche nach einer präzisen Definition ist. Vielmehr ist es die eingehende Untersuchung des uns zu Gebote stehenden Verständnisses unserer Begriffe mit der Absicht, die durch die Unzulänglichkeiten unseres Verständnisses aufgeworfenen verworrenen Fragen zu beantworten. Es wäre angemessener, wenn man hier nicht von einer Analyse der Begriffe, sondern von einer Erkundung dieser Begriffe spräche.

Wie kommen uns diese verworrenen Fragen überhaupt in den Sinn? Wie ist es möglich, daß wir unsere eigenen Begriffe nicht zur Gänze begreifen? Schließlich sind es *unsere* Begriffe, die in *unserer* Sprache zum Ausdruck gebracht werden. Wird ein Begriff nicht durch den Gebrauch, den man von ihm macht, gebildet? Doch, aber es kann sein, daß wir einen Begriff aus Gewohnheit in bestimmter Weise anwenden, ohne deutlich wahrgenommen zu haben, daß wir ihn in eben dieser Weise anwenden. Die Quantenmechanik bietet hier einen vorzüglichen Vergleich. Sie ist eine überaus erfolgreiche Theorie. Die Physiker haben durch und durch begriffen, wie man sie anwenden muß, um Prognosen über künftige Beobachtungen zu stellen. Dagegen stehen sie vor einem

Rätsel, wenn es um die Interpretation der Theorie geht, d. h. um die Angabe, was sie eigentlich *bedeutet*. Ihre Frage lautet: Wie muß die Realität beschaffen sein, wenn die Quantenmechanik eine zutreffende Beschreibung dieser Realität anbietet? Sie sind sich im klaren darüber, wie die Theorie im Laboratorium zu gebrauchen ist, aber sie geraten aus dem Konzept, sobald sie allgemeinere Überlegungen darüber anstellen.

Und genauso verhält es sich auch mit den Menschen überhaupt. Wir wissen, wie wir unsere Begriffe im normalen Gedankenaustausch des Alltags anzuwenden haben. Aber um an diesem Austausch teilzunehmen, müssen wir uns ständig ein Weltbild zurechtlegen und es fortwährend verfeinern. Natürlich trachten wir unsere Begriffe zu gebrauchen, um ein solches Bild zu entwerfen. Für Alltagszwecke sind sie auch angemessen, doch da unser Verständnis dieser Begriffe größtenteils unausgesprochen bleibt, tappen wir herum, sobald wir sie zur Formulierung einer klaren Vorstellung von umfassenden Realitätsmerkmalen zu verwenden versuchen. Bei diesem Herumtappen kommen dann philosophische Probleme zum Vorschein. Hier gibt es einen schweren Irrtum, der hin und wieder von ein paar Philosophen unter dem Einfluß neowittgensteinianischer (oder vielmehr: pseudowittgensteinianischer) Einstellungen begangen worden ist. Sie meinten: Wer etwa den Begriff der Zeit beunruhigend finde, dessen philosophische Verunsicherung ließe sich dadurch beheben, daß man Erinnerungen an Alltagsverwendungen des problematischen Begriffs zusammenträgt. Dabei dachten diese Philosophen an Sätze wie »Es ist viel Zeit verstrichen«, »Haben wir noch Zeit, um die Kirche zu besichtigen?« oder »Es hat eine lange Zeit gedauert, bis er mit den Einkäufen zurückkam«. *Diese* Verwendungsweisen sind es nicht, die wir übersehen haben, wenn wir zum Beispiel die

Frage stellen, ob die Vergangenheit in einem Sinne weiterexistiert, in dem die Zukunft noch nicht existiert. Wir wollen uns ein zutreffendes Bild von der Wirklichkeit machen. Um es zu konzipieren, verfügen wir zunächst über nichts weiter als die Begriffe, deren wir uns in der Praxis bedienen, sei es bei den üblichen Alltagsbeschäftigungen oder bei wissenschaftlichen Untersuchungen. Da wir keinen klaren Überblick über diese Begriffe haben, geraten wir ins Stolpern. Es kann uns eigentlich gar nicht verwundern, wenn sich bei näherer Betrachtung herausstellt, daß die von uns gestellten Fragen und die von uns verkündeten Sätze auf einer verworrenen Auffassung beruhen. Der Philosoph versucht, unserem Stolpern abzuhelfen. Wahrscheinlich wird er nicht umhinkönnen, neue Unterscheidungen zu treffen, und vielleicht wird er eigene Sätze aufstellen, die, da sie das Ergebnis reiner Reflexion sind, begriffliche Wahrheiten sein sollen, die auf nichts weiter basieren als den Begriffen, die der Philosoph zu läutern bestrebt ist. Da er nur ein Mensch ist wie die anderen auch, wird sein Verstand trotz seiner speziellen Schulung kaum je der *gänzlichen* Erfüllung seiner Aufgabe gewachsen sein. Mitunter wird er gar keinen wirklichen Fortschritt erzielen. Dennoch verfolgt er ein Ziel, und dieses Ziel ist die Beseitigung der geistigen Hindernisse, die einem klaren Verständnis dessen, was wir bereits wissen, im Wege stehen, damit man, wie Wittgenstein sagt, die Welt richtig sieht.

Dorothea Frede
Meditationen über Sein und Sinn
philosophischer Probleme

Dieses Problem als solches haben wir bereits von
den Alten übernommen,
die es mit Hilfe der Dichtkunst vor der Menge
verborgen haben …

Platon, Theaitetos 180c

42 Dem ursprünglichen griechischen Wortsinn von ›Vorwerfen‹
oder ›Aufwerfen‹ (*proballein*) entsprechend ist ein *problêma* eine
Aufgabe, eine Frage oder eine Untersuchung zur Klärung von
Sachverhalten verschiedenster Art. Im Lauf der Zeit hat sich das
Wort ›Problem‹ verengt. Unter Problemen verstehen wir heute
besonders schwer lösbare, wenn nicht gar unlösbare Aufgaben
oder Fragestellungen. Wenn die Herausgeber dieses Bandes Philosophen verschiedenster Provenienz um Auskunft über deren
Begriff des philosophischen Problems ersuchen, so erwarten sie
vermutlich Stellungnahmen dazu, ob es besondere Fragenkomplexe gibt, die in die Kompetenz der Philosophie fallen und sich
nicht durch einen Blick in ein Lexikon, in Fachliteratur oder auch
durch die Beobachtung der menschlichen Praxis aufklären lassen.

In den alten Zeiten, in denen das Wünschen noch geholfen hat,
hätte eine solche Frage Verwunderung ausgelöst. War die Philosophie doch für Jahrhunderte die Mutter aller Wissenschaften, so daß
man sich bei der Besinnung auf ihre Probleme nur an ihre verschiedenen Kinder und deren spezifische Erfordernisse zu halten
brauchte. Alle Fragen der Wissenschaften waren philosophische
Probleme. Man erinnere sich nur an den vollen Titel von Newtons

Hauptwerk: ›Philosophiae naturalis principia mathematica‹. Die Physik war damals noch Naturphilosophie und Newton ein Philosoph. Heute dagegen sieht man sich bei der Aufgabe einer Bestimmung philosophischer Probleme vor die Frage aller Fragen gestellt: Was ist Philosophie? Oder auch: Was ist die Philosophie heute noch? Nicht nur hat die Philosophie viele ihrer Kinder verloren, die sich als Einzelwissenschaften selbständig gemacht haben, sondern auch über die Berechtigung des ›Restbestandes‹ herrscht Uneinigkeit. So ist es selbst unter Philosophen umstritten, ob es eine Fachkompetenz für die kanonischen Kernfächer wie Ethik und Erkenntnistheorie gibt, mit eigenen Fragestellungen und Lösungsmöglichkeiten. Die Altehrwürdigkeit ihrer Geschichte schützt die Philosophie also nicht vor ikonoklastischen Angriffen. Vielmehr gefällt man sich seit Wittgenstein gern in der Meinung, die Philosophie müsse sich auf ›Sprachtherapie‹ beschränken; sie könne nicht mehr tun, als die Knoten wieder aufzulösen, welche meist von Philosophen selbst durch falschen Umgang mit der Sprache geschürzt wurden. Auf der anderen Seite ist eine ungeheure Proliferation des Wortes Philosophie zu beobachten. Weltweit hat sich die Mode verbreitet, von Philosophie zu sprechen, wo es um bestimmte Grundvorstellungen geht. So propagieren Firmen ihre eigene Firmenphilosophie, und auch Privatleute beanspruchen den Titel ›Philosophie‹ für ihre Überzeugungen.

Angesichts dieser Inflation einerseits und der Selbstzweifel der philosophischen Zunft andererseits ist es eine berechtigte Frage, ob es die Philosophie noch gibt, mit eigenen spezifisch philosophischen Problemen. Überdies fragt sich, ob für diese Probleme auch spezifische Lösungen mit sicherem Wahrheitsanspruch zu erwarten sind. Schon allein die Tatsache, daß die Herausgeber dieses Bandes sich vielerlei Antworten auf ihre Frage erhoffen, deutet darauf hin, daß mit einer einfachen Definition philosophischer Probleme gar nicht zu rechnen ist. Die erwartete Vielfalt von Vorschlägen dürfte bei aller Verschiedenheit jedoch ein gemeinsames Anliegen haben: die Besinnung auf Sinn und Zweck philosophischer Probleme. Und schon dieses Anliegen als solches gibt Auskunft darüber, was philosophische Probleme auszeichnet, welcher Art sie sind und warum es sie auch weiterhin geben wird. Philosophische Probleme bestehen in der Besinnung über Grundfragen, die man sonst gemeinhin übergeht. So ist auch die hier gestellte Aufgabe ein gutes Beispiel für ein philosophisches Problem, eine Aufforderung zur Besinnung über scheinbar Selbstverständliches.

44

Solche Besinnungsfragen beschränken sich nicht auf die Fach-Philosophie. Philosophische Probleme, so könnte man es in erster Näherung formulieren, sind all diejenigen Grundsatzfragen, die sich nicht innerhalb eines Faches mit Hilfe von dessen etablierten Methoden lösen lassen. Wie mir einmal ein Physiker in polemischer Absicht erklärte, philosophiert man in der Physik nur dann, wenn man nicht weiß, mit welcher Art von Phänomen man es überhaupt zu tun hat. Sobald das Tappen im Nebel aufhört, ist man wieder in der Physik. Sieht man von dem polemischen Entweder/Oder ab, so traf dieser Physiker durchaus etwas Richtiges, was die Natur philosophischer Probleme angeht. Sie bestehen in der Tat im Hinterfragen der Grundlagen allen menschlichen Tuns und Treibens und schließen auch die Wissenschaften mit ein. Auch dort bleibt die Notwendigkeit nicht aus, über scheinbar Selbstverständliches nachzudenken. So gibt es ganz zu Recht eine Philosophie der Naturwissenschaften, der Mathematik, der Rechtswissenschaft, der Politik, der Geschichte oder auch der Kunst. Diese philosophischen Probleme betreffen jeweils die Grundbegriffe, auf denen die Disziplin aufbaut, wie auch ihre

Praxis: Sie fragen nach dem Gegenstand, nach der Methodik, ihren Voraussetzungen und nach den Bedingungen ihrer erfolgreichen Anwendung. Die Frage, mit der bereits Sokrates seinen Landsleuten lästig zu fallen pflegte, »Was ist X?«, steht nicht allein bei den Grundbegriffen in jeder Wissenschaft immer wieder zur Disposition, sondern betrifft auch die jeweiligen Lösungsvorschläge. Philosophische Probleme stellen nicht in Frage, ob die betreffenden Lösungen gültig sind, sondern betreffen die Voraussetzungen der Akzeptanz als solche.

Die Erklärung, philosophischen Problemen das ›Reich der Besinnung auf das Grundsätzliche‹ zuzusprechen, könnte nun allzu einfach erscheinen. Denn somit wäre jede Grundsatzfrage *eo ipso* ein philosophisches Problem. Umgekehrt gäbe es keine philosophischen Probleme mehr, wenn keine Grundsatzfragen gestellt würden oder gestellt werden müßten. Die Geschichte lehrt freilich, daß es daran keinen Mangel hat, und sie lehrt uns auch, warum es daran wohl niemals mangeln wird. Nicht nur sind de facto bis dahin als sicher geltende Grundlagen immer wieder revidiert worden, sondern die Geschichtlichkeit selbst bringt es mit sich, daß dies geschieht und weiter geschehen wird. Unter veränderten Lebens- und Arbeitsbedingungen stellen sich bis dahin akzeptierte Standards und Grundbegriffe immer wieder als fragwürdig heraus. So sind Grundlagenkrisen nicht nur nie auszuschließen, sondern sie sind sogar notwendig. Ohne sie gäbe es keinen Fortschritt. Die Philosophie marschiert also fröhlich überall mit, wo sich überhaupt etwas bewegt, und da sich stets etwas bewegt, wenn das auch in ›stabilen Zeiten‹ nicht immer zutage liegen mag, wird die Philosophie auch stets mit an der Arbeit sein. Die Probleme können ihr also gar nicht ausgehen.

So wohlgemut Philosophen angesichts dieser Diagnose über

die Lebenskraft philosophischer Probleme gestimmt sein könnten, so ist damit jedoch eine entscheidende Frage noch nicht beantwortet. Mag man auch alle Probleme, die sich auf Grundsätze und Grundbegriffe beziehen, als philosophisch bezeichnen und der Philosophie somit im Prinzip die ganze Welt als Experimentierfeld zuweisen, so ist damit noch nichts darüber gesagt, ob die Philosophie selbst in der Lage ist, diese Probleme zu lösen – und ob es überhaupt Sache von Philosophen sein kann, die als philosophisch bezeichneten Grundprobleme in Angriff zu nehmen. Für die meisten der oben genannten Fächer wäre das zu bestreiten. Nur Fachleute, so scheint es, sind in der Lage, Grundlagenkrisen etwa in der Mathematik, in der Physik, in der Jurisprudenz zu überwinden, die eine Neubesinnung und -bestimmung von Grundbegriffen und Methoden erfordert. Marschiert also zwar die Philosophie fröhlich in der Geschichte mit, hat dabei aber die Fachphilosophen längst hinter sich gelassen? Ist die Philosophie also nicht nur eine brotlose Kunst, sondern eine Kunst ohne Künstler geworden, wenn ihre Vertreter nicht mehr für die Lösung philosophischer Probleme zuständig sind? Im Fall der vielen Bindestrich-Philosophien läßt sich diese Folgerung schwerlich zurückweisen. Denn welcher Philosoph hätte heute noch das nötige Fachwissen, um den arkanen Debatten hochspezialisierter Naturwissenschaftler auch nur folgen, geschweige denn zu ihnen beitragen zu können? Viele philosophische Probleme sind also den jeweils zum Philosophieren genötigten Fachleuten vorbehalten. Allenfalls bei Unklarheiten mit Begriffsbestimmungen könnten sie sich veranlaßt sehen, zu einer Wittgensteinschen Sprachtherapie auch hinreichend erfahrene Philosophen zu konsultieren.

Diese Beschränkung der Philosophie auf gelegentliche Hilfestellung für Fachleute scheint nun aber doch der emsigen Tätigkeit gar nicht zu entsprechen, welche die Philosophen der Gegenwart auf der ganzen Welt entfalten. Womit beschäftigen sich die vielen Tausende von Philosophen in ihren tagtäglichen Diskussionen und stets zunehmenden Publikationen? Wird hier nur eine alte Tradition fortgeführt, die ihren Sinn längst verloren hat? Es ist an der Zeit, die umstrittenen Kernbereiche der Philosophie einer näheren Untersuchung zu unterziehen, denn gerade sie sind der Gegenstand dieser eifrigen Tätigkeit der philosophischen Zunft. Dazu gehören vor allem die Ethik, die Erkenntnistheorie, die Logik und auch die so oft totgesagte, aber doch auch immer wiederbelebte Metaphysik. Liegen hier also echte philosophische Probleme vor, um deren Lösung sich kompetente Philosophen mit Recht bemühen?

Es ist hier natürlich nicht der Ort, im einzelnen die Berechtigung der Fragestellungen in den verschiedenen Sparten in der Philosophie zu überprüfen. Schon eine kurze Besinnung darauf, worum es in den ›Kernfächern‹ der Philosophie geht, dürfte jedoch zeigen, daß hier in der Tat echte philosophische Probleme vorliegen, wenn wir uns an die oben vorgeschlagene Definition halten, daß sie im Hinterfragen aller Grundbegriffe und Grundregeln bestehen. Daß es in der Ethik nichts Grundsätzliches zu fragen geben sollte, muß angesichts der Vielfalt neuer ethischer Problematiken – wie etwa in der Medizinethik oder in der Frage des Umgangs mit der Technik – geradezu absurd erscheinen. Das gleiche gilt auch für die Erkenntnistheorie. Der stetige Wissenszuwachs und die allfälligen Revisionen entsprechender Standards zwingen zu ständiger Besinnung auf die Natur des Wissens und die Kriterien zu seiner Beurteilung. Die Logik sei hier übergangen, denn sie erfreut sich als Spezialdisziplin, die mit einem Bein in der Mathematik steht, ohnehin großen Respekts, selbst wenn

47

der praktische Nutzen ihrer Subtilitäten unklar sein mag. Wie aber steht es um die so heiß umstrittene Metaphysik? Gibt es wirklich metaphysische Probleme, mit denen Philosophen sich beschäftigen sollen? Viele der einstmals berechtigten Fragen nach ›dem Wesen der Dinge‹ sind zu Fachfragen einzelner Wissenschaften geworden. Die klassischen Grundfragen der traditionellen Metaphysik, wie die nach der Natur ›der Substanz‹ und ihrer Eigenschaften, sehen sich dagegen dem Verdacht ausgesetzt, sie verdankten ihre Existenz nur einer jahrhundertelangen Blindheit dafür, daß diese Unterscheidungen lediglich auf der Besonderheit indoeuropäischer Sprachen beruhen. Selbst wenn diese Karikierung zuträfe, so ist doch die Besinnung auf den ontologischen Status, den wir Dingen, ihren Eigenschaften, Ereignissen und Handlungen – um nur einige wichtige Begriffe zu nennen – zuschreiben, nicht überflüssig. Da unsere Beschreibungen der Wirklichkeit auf solchen Begriffen beruhen, haben Reflexionen über Sinn und Begründung weiterhin ihre Berechtigung. Ob man diese Besinnungen als Metaphysik oder als Ontologie bezeichnen will oder aber vorzieht, sie der Sprachphilosophie zuzuweisen, ist demgegenüber eine sekundäre Frage. Es ist daher auch nicht verwunderlich, wenn der oft verabschiedete Essentialismus, die Frage nach dem Wesen der Dinge, immer wieder fröhliche Urstände feiert. Die alte sokratische Frage »Was ist X?« behält auch bei Allgemeinbegriffen ihre Aktualität, eine Tatsache, die zwar bei Kritikern jeder Art von Metaphysik zu Irritationen führt, die aber für die Lebenskraft dieser Fragen spricht.

Wenn somit an der Existenz von Grundproblemen aller Art nicht gezweifelt werden kann, die der Besinnung wert sind, wenn sie nicht der geisttötenden Selbstverständlichkeit anheimfallen sollen, so ist damit natürlich noch nichts über die Aussicht auf Er-

48

folg gesagt. Es könnte durchaus sein, daß zwar das Wachhalten dieser Fragestellungen als solches seinen Wert hat, weil damit das Bewußtsein erhalten bleibt, daß unsere Voraussetzungen nichts schlichtweg ›Gegebenes‹ darstellen. Das gilt nicht nur für die Wissenschaften, sondern gerade für die Kernfächer der Philosophie, weil sie es mit den Grundfragen allen menschlichen Tuns und Wissens zu tun haben. Die Frage nach der ›Aussicht auf Erfolg‹ ist damit freilich nicht beantwortet. Im Gegenteil: Gerade die Notwendigkeit einer ständigen Erneuerung von Grundfragen scheint nicht nur die Aussicht auf erfolgreiche Lösungen, sondern auch deren Sinn zu verneinen. Daher bestreiten viele Philosophen mit Nachdruck die Möglichkeit eines Fortschrittes in der Lösung philosophischer Probleme. Der Wert der Beschäftigung mit der Philosophie scheint somit im Weg, im Fragen, zu liegen – nicht aber im Erreichen eines Ziels, im Finden von Antworten. So philosophisch sich diese Haltung zunächst ausnehmen mag, so wird sie doch der Praxis in der Philosophie nicht gerecht. Auf Fragen pflegt man nach Lösungen zu suchen und diese auch eingehend zu begründen. Und eben daran haben sich nicht nur die großen Philosophen der Vergangenheit immer wieder versucht, sondern ernsthafte Philosophen tun das auch heute noch. Sie lassen sich auch durch die Erfahrung nicht entmutigen, daß die Geschichte mit den Bauwerken auch großer Philosophen nicht eben gnädig umgegangen ist.

Wenn der Wert philosophischen Fragens als Besinnung auf Grundsätzliches unbestritten ist, die Antworten auch der großen Philosophen dagegen selten lange Bestand haben, so liegt die Vermutung nahe, daß nicht nur die Lösungen den Bedingungen des Zeitgeistes unterworfen sind, sondern auch die Fragestellungen jeweils einen anderen Sinn annehmen, selbst wenn sie einander ähneln. In einer Zeit, in der man etwa vom ständigen historischen Wandel der moralischen Wertmaßstäbe ausgeht, hat die Frage nach Gut und Böse eine andere Bedeutung als in einem Zeitalter, das von der Unveränderlichkeit der Grundbedingungen des menschlichen Lebens überzeugt war. Scheinbar gleichlautende Probleme entpuppen sich folglich als verschieden. Fragte sich Platon: Was ist *das* Gute? – so lautet die Frage heute: Was nennen wir jetzt und hier gut? Es ist aber nicht allein der wandelbare Zeitgeist, welcher endgültigen Lösungen im Wege steht. Grundlagendebatten beruhen immer auf Prinzipien, die zwar einsichtig und nachvollziehbar sein sollten, sich aber ihrerseits nicht mehr zwingend ableiten lassen. Entscheidungen über philosophische Probleme beruhen daher letztlich immer auf bestimmten Hypothesen – oder Axiomen, um dem feineren Ausdruck den Vorzug zu geben. Sie bieten Dissidenten vom allgemein Akzeptierten jederzeit Angriffspunkte.

Wenn dieses Plädoyer für den Wert philosophischer Probleme wie auch für den ihrer – zeitweiligen und bedingten – Lösungen Erfolg haben soll, so ist da immer noch die Frage nach der Zunft der Philosophen zu beantworten. Wenn philosophische Probleme Besinnung auf Grundlagen und -fragen sind, was berechtigt denn dann die Annahme, es gebe Fachleute dafür, sich dieser Probleme anzunehmen, und hier von Expertentum zu sprechen? Gehen Grundsatzfragen nicht alle an, und sind nicht alle aufgefordert, sich selbst darüber zur Besinnung zu bringen, soweit es sich nicht um Spezialprobleme der Wissenschaften handelt? Als ›Berufsphilosoph‹ sieht man sich nicht selten solchen Herausforderungen hinsichtlich eines besonderen Anspruchs auf Kompetenz ausgesetzt. Durch solche Angriffe sollte man sich freilich nicht ins Bockshorn jagen lassen. Auch Philosophieren will gelernt sein.

Dazu gehört unter anderem die Notwendigkeit von Erfahrung im Umgang mit Gedanken. Was in den anderen Wissenschaften eine Selbstverständlichkeit ist, gilt auch für die Philosophie. Auch hier muß das Rad nicht ständig neu erfunden werden. Allerlei Handwerkszeug liegt für Anfänger bereit; große Denker sind auch immer schon als Vor-Denker am Werk gewesen. Viele der bekannten Begriffsklärungen und ihre Begründungen sind uralt. So hat bereits Aristoteles gezeigt, daß sich der Satz vom Widerspruch nur durch eine reductio ad absurdum beweisen läßt: wer ihn nicht anerkennt, kann in eine sinnvolle Diskussion gar nicht eintreten.

Das Studium der Grundlagenbesinnungen und der Lösungsversuche der großen Philosophen aus der Vergangenheit vermittelt den Erfahrungsschatz, auf dem die Philosophie beruht: die Auseinandersetzung mit gut durchdachten Fragestellungen bedeutender Denker, die Würdigung ihrer Lösungen mit ihren Stärken und Schwächen gehört zur Ausbildung jedes Philosophen. Der Lehrstoff philosophischer Lehrjahre beschränkt sich aber nicht auf den Nachvollzug der Philosophiegeschichte mit ihren alten Strategien und der Diagnose ihrer Sackgassen. Er besteht auch in der Aneignung der Fragestellungen und Kontroversen der Gegenwart, wie in dem Bemühen, eigene Strategien und Diskussionsbeiträge zu entwerfen. Philosophische Probleme leben von der Kontroverse, und Philosoph wird man nur, wenn man sich ihnen stellt. Durch diese Erfahrungen unterscheiden sich Fachleute von Laien, die von der besonderen Art philosophischen Trainings keine Vorstellungen haben, obwohl sie ein Fachwissen und entsprechende Erfahrung nicht nur bei ihrem Arzt, sondern auch bei ihrem Automechaniker voraussetzen. Dieser Mangel an Verständnis ist Laien nicht vorzuwerfen: Professionelles Nachdenken über allgemeine Grundbegriffe, ihre Zusammenhänge und Begründungen muß dem Alltag sehr viel ferner liegen als kompetentes Nachdenken über die Gesundheit oder Automotoren.

Die Irritation über die berufsmäßigen Nachdenker wird freilich noch dadurch erhöht, daß diese sich in ›großen‹ Lebensfragen oft zu zieren scheinen und keine einfachen Antworten auf wichtige Fragen zu bieten haben. Hinzu kommt noch, daß sich die philosophischen Fachleute über die Lösungsvorschläge und ihre Rechtfertigungsgründe selten einig sind. Eben darin besteht ein die Öffentlichkeit verstörender Unterschied zwischen Philosophen und den meisten anderen Wissenschaftlern und Experten. Daß die Erörterung von schwierigen Grundproblemen – etwa in der Ethik – oft nicht über die Darlegung von Für und Wider hinauskommt, ist einer ungeduldigen, klare Antworten erwartenden Öffentlichkeit nur schwer zu vermitteln. Nur die Binsenweisheit, daß jede Lösung ihren Preis hat, kann begreiflich machen, warum das Abwägen von Für und Wider einen eigenen Wert hat. Diese Binsenweisheit gilt auch für philosophische Probleme und ihre Lösungen. Damit sollte freilich kein Freibrief für das Ausufern philosophischer Debatten ausgestellt werden. Es ist ein philosophisches Problem hauseigener Art, wann eine Fragestellung ›ausdiskutiert‹ ist und neue Gesichtspunkte ihr nichts mehr hinzufügen können. Hier sind Weisheit und Augenmaß der Beteiligten gefordert, und diese Eigenschaften kann auch philosophisches Fachtraining nicht vermitteln. Die Gefahr scholastischer Auswüchse ist also unweigerlich mit der Verfolgung philosophischer Probleme verbunden, solange die Philosophen sich nicht zwingen, ständig Sinn und Unsinn der eigenen Fragestellungen zu überprüfen. Philosophische Probleme sind Fragenkomplexe, die nicht immer endgültige Lösungen, wohl aber eine Besinnung auf Grundsätzliches zum Ergebnis haben, und zu dieser Besinnung gehört auch die Erkenntnis der Notwendigkeit einer Selbstbeschränkung.

NB: Wie steht es nach all diesen Überlegungen über die Probleme von Fachphilosophen mit den ›Firmenphilosophien‹ und den ›Philosophien‹ einzelner Personen mit ihren Grundüberzeugungen? Nach dem Gesagten können sie den Titel getrost in Anspruch nehmen, solange es ihnen nicht allein um die Rechtfertigung eines feststehenden Credos geht. Firmenphilosophien haben aber oft gerade den Sinn, kritisches Denken zu vereiteln. Entsprechendes gilt oft auch für diejenigen Menschen, die sich auf ›ihre‹ eigene Lebensphilosophie berufen. Solang damit nur die eigenen Anschauungen untermauert werden, wird der Titel der Philosophie unnützlich geführt: Das Philosophieren zeichnet sich durch das Hinterfragen und Problematisieren aus. Es will die Menschen zur Besinnung bringen, statt sie davon abzuhalten.

P. M. S. Hacker
Verstehen wollen

I

54 Man könnte die Frage »Was ist ein philosophisches Problem?« mit
der Frage »Was ist ein Problem der Chemie (oder der Physik, der
Biologie oder der Volkswirtschaftslehre)?« vergleichen.

Da ist es erstens frappierend, daß Fragen der zweiten Art in
den jeweiligen Fächern selbst keine Probleme aufwerfen. Die Frage, was eigentlich ein chemisches Problem sei, ist ihrerseits kein
chemisches Problem und verlangt keine durch ein chemisches
Experiment gestützte Antwort. Dagegen ist die Frage, was denn
ein philosophisches Problem sei, selbst ein philosophisches Problem, das die abendländischen Philosophen seit Platon und Aristoteles bis hin zu Russell und Wittgenstein umgetrieben hat. Die
von diesen Philosophen gegebenen Antworten sind mannigfaltig
und widerstreitend. Denn schon der Begriff der Philosophie ist
auf eine Art problematisch, in der das zum Beispiel für die Begriffe der Physik und der Chemie nicht gilt; und die Verlockun-
gen zur Fehldeutung des Wesens der philosophischen Forschung
sind Legion.

Zweitens führen die richtigen Antworten in anderen Bereichen
theoretischer Tätigkeit zu einer Vermehrung des menschlichen
Wissens. Richtige Antworten auf Fragen der Physik oder der Che-

mie, der Biologie oder der Psychologie, der Geschichtswissenschaft oder der Ökonomie sind bleibende Beiträge zu unserem
Wissen über die Welt, in der wir leben, sei es durch Theorie und
Erklärung oder durch Feststellung von Tatsachen oder auf beiden
Wegen. Wenn wir uns einem dieser Fächer zuwenden und nach
den dort erbrachten Leistungen fragen, kann man uns an ganze
Bibliotheken verweisen, in denen die Einzelheiten dargelegt werden. Wenden wir uns hingegen der Philosophie zu, fällt die Reaktion anders aus. Freilich kann es vorkommen, daß man auf eine
Fülle von Büchern verwiesen wird, die im Laufe der letzten fünfundzwanzig Jahrhunderte von den tiefsten Denkern unserer Kultur geschrieben wurden. Doch wenn wir uns nach philosophi-
schem *Wissen* erkundigen – nach Wissen, das sich mit den
Errungenschaften der Naturwissenschaften, der Geistes- und Sozialwissenschaften vergleichen ließe –, werden wir unbedingt enttäuscht sein. Denn es gibt *nichts* Vergleichbares, das man uns nennen kann: In dem Sinne, in dem es zahlreiche unbestreitbare
Theorien auf den Gebieten der Physik, der Chemie und der Biologie gibt, gibt es *keine* gesicherte philosophische Theorie über irgendeinen Gegenstand. Es gibt keine Sammlung philosophischer
Fakten, die man in einem Handbuch der Philosophie in der gleichen Weise nachschlagen könnte, in der man ein Handbuch der
Chemie oder der Geschichtswissenschaft zu Rate ziehen kann, um
sich dort bestimmter Tatsachen zu vergewissern.

    Diese Sachlage ließe sich auf verschiedene Weise erklären. *Eine*
Auffassung besagt, die Philosophie sei zwar tatsächlich ein Teilbe-
reich des Strebens nach Erkenntnis, aber sie habe sich »erst vor
kurzem mühsam aus ihrem Frühstadium zur Reife entwickelt«.
Demnach können wir trotz einer 2500 Jahre währenden Wachs-
tumsperiode endlich mit einer Flut philosophischer Wahrheiten

und ausreichend bestätigter Theorien rechnen – morgen vielleicht. Diese Auffassung ist nicht überzeugend. Von Philosophen ist diese Behauptung von Jahrhundert zu Jahrhundert wiederholt worden, indes ein bedeutendes Genie nach dem anderen den Schlüssel zu den Geheimnissen der Philosophie gefunden zu haben glaubte und verkündete, wir seien im Begriff, das Gelobte Land zu betreten. Doch auf jede dieser Verheißungen folgte die Enttäuschung – einerlei, ob die Ankündigung von Descartes (mit seiner neuen Methode des Zweifels) ausgesprochen wurde oder von Locke (mit seinem neuen Weg der Ideen), von Kant (mit seiner kopernikanischen Wende) oder von Russell (mit seiner Wissenschaftlichen Methode der Philosophie). Außerdem ist es ganz und gar nicht einleuchtend anzunehmen, fünfundzwanzig Jahrhunderte angestrengter Bemühungen von seiten der größten Geister unserer Kultur hätten deshalb kein solides philosophisches Wissen erbracht, weil die Aufgabe so *schwer* ist, ja, noch *viel* schwerer als die Entdeckung der Atomstruktur, des Ursprungs des Lebens, der Entstehung der Arten und der Beschaffenheit des Kosmos.

Eine andere, von William James und Bertrand Russell vertretene Anschauung besagt, die Philosophie beschäftige sich mit Fragen, die zu unklar sind, um Antworten zuzulassen. Sobald die Fragen durch die Anstrengungen der Philosophen geklärt seien, wären sie der wissenschaftlichen Bearbeitung zugänglich und würden den Einzelwissenschaften überantwortet werden. Diese Anschauung würde zwar tatsächlich erklären, warum die Philosophie kein solides Wissen hervorbringt, aber sie überzeugt trotzdem nicht. Richtig ist, daß es früher keine klare Trennung gab zwischen der Physik und der heute so bezeichneten ›Philosophie‹, und daß die Physik erst im späten siebzehnten Jahrhundert zu einem eigenständigen Fach wurde. Ebenso mauserte sich die Psychologie erst im ausgehenden neunzehnten Jahrhundert zu einem autonomen Fachgebiet. Dennoch ist es so, daß die Physik weder Fragen beantwortet, welche die Identitäts- und Beharrlichkeitskriterien für Substanzen oder die Objektivität respektive Subjektivität wahrgenommener Eigenschaften betreffen, noch Aufschluß gibt über das Wesen der Kausalität oder des induktiven Denkens. Diese Gegenstände bleiben, wo sie immer schon gewesen sind, nämlich im eigentlichen Bereich der Philosophie. Nicht anders steht es mit der Psychologie, die ihrerseits keine Antworten auf Fragen gegeben hat, die das Wesen des Geistes, die Identität der Person, die wahre Beschaffenheit des Denkens, der Affekte und des Willens betreffen. Im Gegenteil, diese Fragen haben nach wie vor widerspenstig ihren philosophischen Charakter behalten. Überdies haben diese Fächer nach ihrer Abspaltung von der Philosophie deren Bereich keineswegs geschmälert, sondern neue Zweige der Philosophie hervorgebracht, nämlich die Philosophie der Physik und die Philosophie der Psychologie. Die von James vertretene Auffassung vermag nicht zu erklären, warum die Philosophie als kognitive Disziplin einen dermaßen dürftigen Eindruck macht.

II

Eher vielversprechend wirkt die Anschauung, die Philosophie sei überhaupt kein kognitives Fach. Daher sei es gar nicht ihre Aufgabe, Entdeckungen darüber zu machen, wie sich die Dinge in der Realität verhalten. Sie sei kein Streben nach neuem Wissen oder nach erklärenden und prognostischen Theorien, wie man sie in den Naturwissenschaften vorfinde. Dieser radikale Vorschlag schließt die Vorstellung aus, die Philosophie habe ebenso wie jede andere Wissenschaft einen eigenen, speziellen Gegenstandsbereich, mit Bezug auf den sie Wissen zu erwerben trachtet. Dementsprechend ist auch die Vorstellung ausgeschlossen, die Philosophie sei die *umfassendste* aller Wissenschaften: Sie beschäftige sich mit den allgemeinsten Fakten des Universums oder befasse sich mit den allem Sein zugrundeliegenden Ideen (à la Platon), mit der Entdeckung von Wesenheiten (à la Husserl) oder mit der Entfaltung synthetischer Prinzipien a priori (à la Kant). Infolgedessen schließt dieser Vorschlag die Vorstellung aus, der Philosophie gehe es in Konkurrenz mit den Naturwissenschaften um empirische Entdeckungen.

Das Ziel einer so verstandenen Philosophie ist eine spezifische Form des *Verstehens*. Natürlich wäre es ungereimt, wollte man bestreiten, daß die Naturwissenschaften die von ihnen erforschten Phänomene ebenfalls zu verstehen trachten. Sie sind bestrebt zu verstehen, warum bestimmte Tatsachen wirklich so sind, wie sie sind. Sie erklären ihre Daten durch deduktive Folgerungen aus einer Theorie, durch entstehungsgeschichtliche Darstellungen oder beides. Das ist allerdings nicht die von der Philosophie angestrebte Form des Verstehens. Die Philosophie der Logik und der Sprache, die Erkenntnistheorie und die Philosophie des Geistes sowie die philosophischen Theorien der Einzelwissenschaften wollen weder Zusammenhänge zwischen Tatsachen begreifen noch Fakten aus einer erklärenden Theorie erschließen, sondern sie wollen Zusammenhänge zwischen Begriffen erfassen. Und da die Aufgabe der Begriffe in ihrem Beitrag zu Gedanken oder Aussagen liegt, wollen sie die logisch-grammatischen Zusammenhänge zwischen

Aussagen begreifen. Dieses Begreifen leitet sich nicht aus einer (empirisch bestätigten) Theorie her, sondern aus der Beschreibung artikulierter Begriffsverhältnisse. Erkennbar werden diese artikulierten Begriffsverhältnisse an den Regeln für den Gebrauch von Wörtern, und diese Regeln wiederum treten in den Sprechhandlungen kompetenter Sprecher zutage.

Die Regeln, mit denen sich der Philosoph befaßt, sind ebenso Regeln für den Gebrauch sprachlicher Ausdrücke wie die von einem deskriptiv verfahrenden Grammatiker verzeichneten Regeln. Doch im großen und ganzen handelt es sich nicht um jene syntaktischen Arten von Regeln, für die sich die Grammatiker interessieren. Dem Philosophen geht es zwar um die Bedeutungen sprachlicher Ausdrücke, aber nicht in der gleichen Weise wie dem Lexikographen. Der Lexikograph befaßt sich damit, diejenigen Regeln für den Gebrauch eines Worts (die Erklärungen seiner Bedeutung) zu verzeichnen, die den Uninformierten helfen Sätze zu verstehen, in denen das Wort vorkommt, und sie dazu anleiten, das Wort in sprachlichen Äußerungen richtig zu verwenden. Das Interesse des Philosophen entsteht nicht aus einer Reaktion auf lexikalische Uninformiertheit, sondern er reagiert damit auf eine *Verstrickung in die Regeln*. Solche Verstrickungen äußern sich in einer charakteristischen Form philosophischen Fragens, nämlich in einer Art von Frage, die so *aussieht*, als handelte sie von der objektiven, sprachunabhängigen Natur der Dinge, während es sich tatsächlich um eine begriffliche Frage handelt – oder um Begriffsverwirrung.

III

Zu den Problemen, welche die Menschen in unserer Kultur während der letzten 2500 Jahre aufgeworfen haben, gehören auch Fragen bezüglich der *Natur* oder des *Wesens* der Dinge. Andere betreffen die Existenz bestimmter Dinge oder die Frage, inwiefern manche Dinge *möglich* und warum andere *notwendig* oder *unmöglich* sind. Einige dieser Fragen sind offensichtlich naturwissenschaftlicher Art, wie beispielsweise »Was ist die Natur des Wasserstoffs?«, »Gibt es einen Planeten zwischen Merkur und der Sonne?«, »Wie ist es möglich, den Atomkern zu spalten?«. Andere Fragen schillern vielleicht zwischen einer naturwissenschaftlichen Frage und einer keiner wissenschaftlichen Deutung zugänglichen Frage, wie etwa »Was ist Bewußtsein?« oder »Wie ist Wahrnehmung möglich?«. Die dem Bewußtsein und der Wahrnehmung zugrundeliegenden psychologischen und neurowissenschaftlichen Bedingungen und Vorgänge betreffen die Naturwissenschaften. Aber es kommen hier auch andere Fragen ins Spiel. Denn manche Menschen (unter anderem auch Wissenschaftler) zerbrechen sich den Kopf darüber, was es heißt, Bewußtsein zu haben und ob man des eigenen Bewußtseins bewußt sein kann, und sie grübeln darüber nach, ob das Bewußtsein den Geist kennzeichnet und ob es sich »irgendwie anfühlt«, Bewußtsein zu haben. Derlei Fragen können nicht experimentell beantwortet werden. Darüber hinaus gibt es Fragen, die offensichtlich keine wissenschaftlichen sind, wie zum Beispiel »Gibt es Universalien oder nur Einzeldinge?«, »Kann man die Existenz Gottes beweisen?«, »Existieren Zahlen (Mengen, ethische Werte)?«, »Wie ist Wissen über die Außenwelt (das Fremdpsychische, die Vergangenheit oder die Zukunft) möglich?«, »Warum kann nichts zur gleichen Zeit und überall sowohl rot als auch grün sein?« oder »Worin besteht das Wesen der logischen Notwendigkeit?«.

Diese Fragen, die philosophischer Art sind, lassen sich offensichtlich nicht mit Hilfe wissenschaftlicher Experimente oder Theorien beantworten. Aber allem Anschein nach handeln sie von der objektiven Natur der Dinge. Daraus geht hervor, warum man die Philosophie üblicherweise für ein kognitives Fach hält. Es scheint, als untersuchte die Physik die kontingenten empirischen Gegebenheiten der Welt, während die Philosophie der a priori notwendigen Struktur der Welt auf den Grund geht.

Richtig ist, daß philosophische Fragen etwas Apriorisches haben; das heißt, sie müssen unabhängig von der Erfahrung und mit Hilfe apriorischer Überlegungen und Argumente gelöst oder aufgelöst werden. Es ist jedoch ein Fehler anzunehmen, daß die Philosophie die notwendige (oder »metaphysische«) Struktur der Realität untersucht – so etwas gibt es nämlich gar nicht. Was ein überphysikalisches Merkmal der Welt zu sein scheint, ist de facto eine von den unsere Formen der Beschreibung bestimmenden Normen der Darstellung hervorgebrachte Täuschung. Sobald philosophische Fragen einen derart täuschenden Anschein erwecken, besteht die Aufgabe der Philosophie darin, das Trugbild aus dem Weg zu räumen. Sie muß zeigen, wie diese Täuschung durch Mißverständnisse der zur Beschreibung des So-Seins der Dinge zum Einsatz gebrachten Begriffsstrukturen erzeugt wird. So sind zum Beispiel Sätze wie »Raum und Zeit bilden eine Einheit«, »Alles Geschehen hat eine Ursache« und »Substanzen beharren im Wandel« keine Wirklichkeitsbeschreibungen, sondern *Normen der Beschreibung*.

Andere philosophische Fragen nehmen die Form von Fragen nach der Natur und dem Wesen der Dinge an, etwa nach dem We-

61

sen von Geist und Materie, nach Wahrnehmung und wahrgenommenen Qualitäten, nach dem Guten und dem Schönen. Auch diese Fragen handeln anscheinend von der sprachunabhängigen Natur der Dinge. Aber diese Fragen lassen sich durch keine empirische Untersuchung beantworten, obwohl es, wie gesagt, naturwissenschaftliche Parallelfragen geben kann. Vielmehr sind sie durch Begriffsklärung zu beantworten, durch Beschreibungen des für den betreffenden Begriff konstitutiven Netzes logischer Beziehungen. Philosophische Fragen nach dem *Wesen* der Erkenntnis zum Beispiel sind Aufforderungen zur Klärung der begrifflichen Zusammenhänge, Verträglichkeiten und Unverträglichkeiten zwischen Wissen und Wahrheit, Überzeugung, Gründen und Belegen, Erinnerung, Vorstellungskraft, Wahrnehmungsvermögen und so fort – und das sind Zusammenhänge, die sich durch den gesamten Bereich unseres Begriffsgerüsts verzweigen.

Nicht alle begrifflichen Fragen verlangen eine systematische Beschreibung der einen bestimmten Bereich betreffenden Begriffsnetze. In manchen Fällen beruhen die Fragen auf mißverstandenen Voraussetzungen. Sie brauchen nicht beantwortet zu werden, sondern sie müssen aufgelöst werden, indem man ihre Voraussetzungen ans Licht bringt und zeigt, daß sie mißverstanden wurden. Konfus sind beispielsweise Fragen wie »Woher wissen wir, daß die Außenwelt existiert?«, »Was beschreiben die Sätze der Logik (oder der Mathematik)?« oder »Wie können wir Sätze verstehen, die wir noch nie zuvor gehört haben?«. Solche Fragen bedürfen keiner Antworten, sondern einer tiefreichenden analytischen Sondierung, die ihre Voraussetzungen zutage fördert.

In anderen Fällen sind die Antworten auf solche Fragen Binsenweisheiten. Was andere Menschen denken und fühlen, wissen wir zum Beispiel deshalb, weil sie ihre Gedanken und Gefühle durch sprachliche Äußerungen und Handlungen zum Ausdruck bringen. Diese Antwort in Form einer Binsenweisheit ist jedoch nicht verträglich mit anscheinend bestehenden begrifflichen Festlegungen, die beispielsweise darauf hinauslaufen, daß wir *nicht* wirklich *wissen können*, was andere Personen denken und fühlen, weil jede Folgerung aus ihrem Verhalten stets unsicher oder bloß induktiv sei, weil sie auf einem Analogieschluß beruhe oder auf einem hypothetischen Schluß auf die beste Erklärung der offen erkennbaren Bewegungen. Hier besteht die philosophische Leistung in der Entwirrung von Knoten in unserem Verständnis unserer begrifflichen Festlegungen, die der Einsicht in die völlige Richtigkeit solcher Binsenweisheiten im Wege stehen.

63

In wieder anderen Fällen besteht die Leistung in der Befreiung von einem womöglich der Naturwissenschaft entlehnten irreführenden Erklärungsparadigma (wenn man etwa zur *Erklärung* gewisser Phänomene Entitäten bestimmter Art postuliert, wie zum Beispiel Monaden, nicht zusammengesetzte Wesenheiten oder einfache Gegenstände im Sinne des *Tractatus*). Oder sie besteht vielleicht in der Befreiung vom hypnotisierenden Einfluß einer verfehlten Analogiebildung, die womöglich von einer an der Oberfläche ähnlichen sprachlichen Form hergenommen ist (wenn man beispielsweise glaubt, »existieren« sei ein Prädikat wie »denken«; Schmerzen haben sei eine Form von Besitzverhältnis, bei der Übertragbarkeit logisch ausgeschlossen sei, während einen Groschen haben ein die Übertragbarkeit zulassendes Besitzverhältnis darstelle; Schmerzen fühlen und eine Stecknadel fühlen seien beides Formen der Wahrnehmung; oder Vorstellungsbilder seien »genauso etwas wie« materielle Bilder, nur eben geistiger Art).

Für Aufklärung sorgen die Erhellung der von uns gebrauchten

Begriffsstrukturen, die übersichtliche Darstellung der relevanten Regeln für den Gebrauch des jeweils problematischen Ausdrucks und die Beschreibung des Orts, den der betreffende Begriff im Begriffsnetz innehat.

IV

Der Philosophie geht es demnach auch um die Verwendungsweisen von Wörtern. Ihre Interessen sind jedoch anderer Art als diejenigen des Grammatikers. Sie läßt sich weder von didaktischen Erwägungen leiten noch von der Forderung nach einem systematischen Überblick über die Syntax einer Sprache, sondern von den Problemen, denen sie gegenübersteht. Denn diese Probleme werden durch Begriffsklärung und durch apriorische Argumente gelöst, zerlegt oder aufgelöst.

Außerdem sind die Wörter, welche die Aufmerksamkeit der Philosophen fesseln, für Grammatiker oder Lexikographen nicht von besonderem Interesse. Diese Sprachwissenschaftler beschäftigen sich nicht besonders eingehend mit Wörtern wie »Empfindung« und »Wahrnehmung«, »wissen« und »glauben«, »handeln« und »unterlassen«. Sie haben auch kein spezielles Interesse an den Kategorienbegriffen, die den Philosophen Kopfzerbrechen bereiten, also Begriffen wie *materieller Gegenstand*, *materieller Stoff*, *Raum*, *Zeit*, *Ereignis*, *Zustand*, *Vorgang* und *Ursache*, ja, nicht einmal an den ganz allgemeinen Begriffen, die im Mittelpunkt vieler philosophischer Theorien stehen, wie zum Beispiel *Person*, *Geist*, *Eigenschaft der Wahrnehmung*, *gut* und *böse*, *Wahrheit* und *Falschheit*. Im Regelfall interessiert sich die Philosophie für kategoriale,

64

allgemeine oder kardinale Begriffe, die in unserem Denken eine strukturelle oder jedenfalls zentrale Rolle spielen. Dementsprechend werfen ihre Formen Licht auf begriffliche Schwierigkeiten, die an beliebigen Stellen umfassender Diskursbereiche auftauchen können. Dazu gehören freilich auch von den Wissenschaften vorausgesetzte Begriffe und Begriffstypen – und daher rührt die altehrwürdige Vorstellung, die Philosophie sei allgemeiner und fundamentaler als die Einzelwissenschaften. Auch spezifischere Begriffe können nach sorgfältiger Beschreibung verlangen, beispielsweis der Begriff der *Verstellung* oder der Begriff der *Farbausschließung*. Solche Begriffe sind typischerweise allerdings entweder von Interesse, wenn es um die Lösung einer spezifischen begrifflichen Schwierigkeit geht – beispielsweise bei der Frage »Warum kann sich ein neugeborenes Kind nicht verstellen?« –, oder wegen des Lichts, das sie auf allgemeinere Probleme werfen – etwa wenn es um das Wesen der (oder einer bestimmten Form von) Notwendigkeit geht.

    Philosophische Probleme entstehen aus der Unklarheit und Verworrenheit von Begriffen. Die Unklarheit ergibt sich aus dem Mangel an Übersicht über einen Begriff oder ein Gebiet ineinandergreifender Begriffe. Es wäre verfehlt, wollte man behaupten, daß diese Probleme nur entstehen, »wenn die Sprache feiert«. Die von der Physik, der Psychologie oder der Neurowissenschaft vom Gehirn hervorgerufenen Schwierigkeiten entstehen nicht dann, wenn die Sprache feiert, sondern dann, wenn sie arbeitet, insbesondere wenn sich ihre Funktion etwa über kategorial verschiedene Bereiche (Energie und Materie, Geistiges und Verhalten, Neurales und Psychisches) erstreckt, bei denen es überaus schwerfällt, einen Überblick über die zwischen ihnen bestehenden logischen Beziehungen zu bekommen.

Die Verworrenheit geht auf vielerlei Ursprünge zurück. Eine besonders wichtige Ursache sind die irreführenden Merkmale der Sprache, wie zum Beispiel sprachliche Analogien zwischen Ausdrucksformen, die in Wirklichkeit ganz unterschiedlich verwendet werden. (Sätze der Geometrie sehen aus wie Beschreibungen räumlicher Beziehungen, sind aber Normen der Beschreibung; wenn man einer Person Verständnis zuschreibt, ähnelt das der Zuschreibung eines geistigen Zustands, doch man bezieht sich auf eine Fähigkeit; wenn man von »dem Geist« spricht, sieht es aus, als spiele er eine ähnliche Rolle wie »das Gehirn«, was aber nicht der Fall ist.) Daneben gibt es noch viele weitere Ursachen: beispielsweise Analogien aus den Naturwissenschaften oder aus der Mathematik, die uns dazu bewegen, mißverstandene Fragen zu stellen oder begriffliche Fragen nach dem falschen Vorbild zu beantworten; die Verlockung, etwas zu erklären, wenn nur eine Beschreibung begrifflicher Zusammenhänge legitim ist; ein natürliches Verlangen nach Allgemeinheit in Situationen, wo es unangebracht ist; Unfähigkeit zur Ermittlung unserer fundamentalsten Voraussetzungen, auf denen einige unserer philosophischen Fragen beruhen.

V

Ein Überblick über ein Begriffsgebiet oder einen Teil des Gebiets ist unerläßlich, um zur Lösung oder Auflösung eines philosophischen Problems zu gelangen. Sobald die erhellende Kraft eines solchen Überblicks verstanden ist, kann die Untersuchung um ihrer selbst willen und als autonomes Unterfangen von Interesse sein. Denn es kann kein Zweifel daran bestehen, daß hinreichend allgemeine Erkundungen der Art und Weise, in der unsere Begriffe und begrifflichen Kategorien zusammenhängen, ihre eigene Faszination besitzen. Wir sind nicht nur darauf erpicht, die Welt, in der wir leben, zu verstehen, sondern wir wollen auch die Gesamtstruktur der Mittel, mit deren Hilfe wir uns ein Bild und einen Begriff von dieser Welt machen, verstehen. Die Philosophie hat, wie wir daher sagen können, ein Janusgesicht. Einerseits befaßt sie sich mit dem Entwirren der von uns selbst geschürzten Knoten im Verstande, mit der Auflösung begrifflicher Verwirrungen im menschlichen Alltagsleben, in der Philosophie und in den **67** Einzelwissenschaften. Andererseits geht es ihr um die Erläuterung der fundamentalen, strukturellen Bestandteile unseres Begriffsgerüsts.

Kehren wir damit nicht wieder zu einer Vorstellung zurück, wonach die Philosophie eine kognitive Disziplin ist, und zwar eine Disziplin, die sich mit dem Erwerb von Wissen über Begriffe und begriffliche Zusammenhänge befaßt? Das wäre irreführend. Die untersuchten Begriffe sind solche, die die Sprecher der betreffenden Sprache schon vorher besitzen. Wenn die Beschreibung der Merkmale des Begriffs oder Begriffstyps vom Gebrauch eines kompetenten Sprechers abweicht, ist die Beschreibung *verfehlt*. Denn die Charakterisierung eines Begriffs ist – sei's implizit oder explizit – eine Angabe der Regeln für den Gebrauch des Terminus, der den Begriff zum Ausdruck bringt. Die von der Philosophie artikulierten Zusammenhänge sind Zusammenhänge, die jeder Sprecher der betreffenden Sprache erfaßt haben muß, um die Kriterien zu erfüllen, die bestimmen, ob jemand ein beliebiges Einzelbeispiel des fraglichen Begriffstyps verstanden hat. Daher kann die Beschreibung der artikulierten Begriffsverhältnisse, um die sich die Philosophie bemüht, nicht im gleichen Sinne eine neue Information sein, *in dem die Naturwissenschaft neue Informationen vermittelt.* Die philosophischen Beschreibungen sind ebensowenig wie die Darstellungen des deskriptiv verfahrenden Grammatikers Neuigkeiten, die man mit Verwunderung aufnehmen sollte, sondern es sind allgemeine Charakterisierungen, auf die man mit reflektierter Anerkennung und Einsicht reagieren sollte. Die Tatsache der *Anerkennung* rechtfertigt das Urteil, die Philosophie gelange nicht zu neuem Wissen. Die Tatsache der Einsicht stützt in begrenztem Maße die Vorstellung, wonach die Philosophie in recht speziellem Sinne das Wissen vermehrt. Es wäre dennoch eher irreführend als erhellend, wollte man die Philosophie zu den kognitiven Fächern zählen.

VI

Das hier in Umrissen gezeichnete Bild der Philosophie und ihrer Probleme ist nur *eine* Auffassung unseres Fachs. Nach meiner Überzeugung ist es ein zutreffendes Bild der theoretischen Philosophie (im Sinne Kants). Daher läßt es sich auch auf die philosophischen Theorien der Einzelwissenschaften übertragen. Viele der in diesen Bereichen aufgeworfenen Fragen unterscheiden sich zwar von den oben erörterten, aber auch in diesen Theorien geht es um begriffliche Fragen und Beziehungen, um Typen und Strukturen der Erklärung und um Beziehungen zwischen Typen von Erklärung. Doch im Hinblick auf die praktische Philosophie – das heißt im Hinblick auf Ethik, Philosophie der Politik und Rechtsphilosophie – ist damit noch längst nicht alles gesagt. Diese

Bereiche der Philosophie beschäftigen sich mit mehr als der Erläuterung von Begriffen. Warum das so sein muß, ist selbst wieder
ein tiefes philosophisches Problem.

VII

Kann es nun in der Philosophie Fortschritt geben? In dem Sinne,
in dem es in den Wissenschaften Fortschritt – das heißt: kumula-
tive Wissensvermehrung und die Aufstellung erklärungsmächti-
gerer Theorien – gibt, *kann* es in der Philosophie *keinen* Fortschritt geben. In einem anderen Sinne jedoch gibt es tatsächlich
Fortschritt. Außerdem gibt es unvermeidliche Rückschritte.

Fortschritt gibt es insofern, als klarere Unterscheidungen ge-
troffen werden: Begriffliche Unterschiede werden ein für allemal
ermittelt, begriffliche Zusammenhänge werden explizit dargelegt
und Verwirrungen werden ausgeräumt. Der Fortschritt sieht oft
kleiner aus, als er wirklich ist. Oft gehen uns die einmal getroffe-
nen Unterscheidungen in Fleisch und Blut über, und dabei vergessen wir leicht, daß sie nicht immer schon zu Gebote standen.
Es entfällt uns, daß die artikulierte Differenzierung bestimmter
Typen von Begriffen, Sätzen oder Schlußweisen häufig eine mit
Hilfe der philosophischen Reflexion mühevoll erarbeitete Einsicht
darstellt. So kommt es, daß der wirklich erreichte Fortschritt ver-
kannt wird. Hinzu kommt, daß überaus verlockende philosophische Konfusionen und Trugschlüsse als solche entlarvt worden
sind – und *manche* von ihnen geraten für immer aus dem Blick
und werden vergessen.

Manchmal kann der Fortschritt jedoch größer aussehen, als er ist. Ein Begriffsgebiet kann für die eine Generation teilweise erhellt sein, um anschließend wieder von Schatten bedeckt zu werden. Denn es treten kulturelle Neuerungen ein (etwa die Erfindung des Computers oder der funktionentheoretischen Logik), und es kommt zur Einführung neuartiger wissenschaftlicher Theorien (beispielsweise der Quantenmechanik, der Unschärferelation oder der Relativitätstheorie). Solche Neuerungen können früher geklärte, artikulierte Begriffsverhältnisse in tiefen Schatten hüllen und es erforderlich machen, daß alter Boden aus anderer Richtung von neuem überquert wird. (So ergibt sich zum Beispiel die Notwendigkeit, den Begriff des Geistes wieder zu klären und so auf die Verlockung zu reagieren, den menschlichen Geist nach dem Vorbild des Computers zu begreifen.)

Rückschritte sind ebenfalls möglich. Während die Naturwissenschaften mit ihrer hierarchischen Struktur auf früher erworbenem Wissen und bestätigten Theorien aufbauen, ist die Philosophie im Gegensatz dazu ›flach‹. Infolgedessen können Unterscheidungen aus dem Auge verloren werden, Klärungsmethoden können außer Gebrauch kommen, und die dazu erforderlichen Fertigkeiten können verschwinden. Begriffsverwirrungen lassen sich mit Krankheiten vergleichen: Sie sind Krankheiten des Verstandes. Die Heilung kann eine Generation lang anhalten, aber vielleicht mutiert das Virus und tritt in noch bösartigerer Form wieder auf. So sind ›interne Repräsentationen‹ zum Beispiel nichts weiter als mutierte Sinneseindrücke, und ›Qualia‹ sind nichts anderes als die von Wittgenstein diagnostizierten privaten Gegenstände in neuer Verkleidung. Daher muß eine neue Arznei gefunden werden, die dem mutierten Virus und seinem Wirt angemessen ist.

Die philosophische Arbeit kann nicht zum Abschluß kommen,

denn die Formen des Mißverstehens begrifflicher Zusammenhänge haben kein Ende und sind nicht vorhersagbar. Der Boden muß immer wieder neu durchpflügt werden. Wissen kann von einer Generation an die nächste weitergegeben werden. Aber um Verständnis zu erlangen, muß jede Generation von vorn anfangen.

Ian Hacking
Vom Gedächtnis der Begriffe

72 Zunächst werde ich die Titelfrage ganz gemächlich und konservativ beantworten, doch zum Schluß werde ich eine wahrhaft radikale These aufstellen.

Die Suche nach Definitionsmerkmalen wäre müßig. Was ein ›philosophisches Problem‹ ist, erklärt man am besten durch die Angabe von Beispielen, zwischen denen eine gewisse Familienähnlichkeit besteht. Dabei umfaßt die Großfamilie eine Reihe von Teilfamilien. Zum Beispiel gibt es skeptische Probleme und analytische Probleme.

Zu den skeptischen Problemen gehören das Problem des Solipsismus; das Problem der Existenz einer Außenwelt; das Problem der Induktion; die Möglichkeit, daß ich jetzt träume oder von einem Dämon getäuscht werde. Die Intensität, mit der skeptische Probleme empfunden werden, wird nur selten betont. Nähme man sich ein solches Problem wirklich zu Herzen, wäre man völlig entsetzt. Manche Autoren vergleichen solche Probleme mit Formen von Verrücktheit. Nähme man beispielsweise den Solipsismus ganz ernst – etwa im Sinne eines Gefühls ständiger Einsamkeit, das man sein ganzes Leben lang ertragen müßte –, dann wäre das gar nicht so verschieden von einer klinisch diagnostizierten Schizophrenie. Der geistig gesunde Hume läßt das Problem der Induktion hinter sich, sobald er sein Arbeitszimmer verläßt: Wirklich stoischer Gleichmut gegenüber diesem Problem wäre, machte man diese Erfahrung im Leben außerhalb der Denkstube, von den Symptomen einer schweren Depression kaum zu unterscheiden. Oder man stelle sich vor, daß man das von Nelson Goodman am Beispiel des Wortes ›grot‹ aufgeworfene Problem – womöglich in der später von Saul Kripke ausgeklügelten Form – nicht bloß als raffiniertes Rätsel auffaßte, sondern bis zur Betroffenheit auf sich einwirken ließe. Dann hätte man Angst davor, daß die von anderen Sprechern gebrauchten Worte möglicherweise etwas ganz anderes bedeuten, als was man selbst damit meint, und gegen diesen Zweifel hätte man keine Handhabe. Die Welt der Verständigung und sogar des Denkens würde für den Betreffenden zusammenbrechen.

73

Mit analytischen Problemen verhält es sich anders. Das skeptische Problem der Induktion läßt sich durch Humes Frage »Wird mich dieses Stück Brot nähren?« veranschaulichen. Verallgemeinert man dieses Problem, wird daraus die Frage: »Woher weiß ich, daß die Zukunft der Vergangenheit ähnelt?« Hier lauert ein gräßlicher Skeptizismus. Doch wir können auf Einzelfälle zurückgreifen und die Belege untersuchen, die für meine Überzeugung sprechen, daß mich dieses Stück Brot nähren wird. Die Belege sind triftig. Doch es fragt sich, nach welchen Kriterien man sich bei diesem Urteil richtet. Man sollte also die Kriterien für die Belege analysieren und darüber hinaus die methodischen Verfahren, durch die man zu triftigen Belegen gelangt. Die im neunzehnten Jahrhundert von John Stuart Mill formulierten »vier Methoden der experimentellen Forschung« waren ein wichtiger Beitrag zu einer Analyse dieses Typs, und im zwanzigsten Jahrhundert wurden erstaunliche Fortschritte erzielt. Die detaillierte Feinarbeit wurde vielfach von Statistikern erledigt, doch die neuen Kerngedanken wurden im Regelfall in deutlich umrissener Form von Philosophen dargelegt. So gelang es etwa C. S. Peirce, die heute so genannte Theorie der Vertrauensintervalle auf eine philosophische Grundlage zu stellen. Durch solche Techniken kann man die philosophische Skepsis gegenüber der Induktion vielleicht eine Zeitlang umgehen, aber gelöst wird das Problem auf diese Weise nicht – dazu sind derlei Verfahren auch gar nicht in der Lage.

74 Viele grundlegende Probleme sind weder von der skeptischen noch von der analytischen Art. So gibt es etwa seit alters eine Tradition des Nominalismus. In neuerer Zeit ist sie im Rahmen der sogenannten ›science wars‹ und der Auseinandersetzungen um die soziale Konstruktion der wissenschaftlichen Erkenntnis wieder zutage getreten. Dabei macht die nominalistische Richtung geltend, unsere Kategorien, Klassifikationen und Erkenntnisse seien nicht von der Natur bestimmt, sondern durch die von Menschen ersonnenen Verfahren zur wechselseitigen Verständigung und zur Interaktion mit einer nicht vorsortierten Welt. Die realistische Richtung behauptet hingegen, die Welt sei von vornherein mit einer ihr innewohnenden Struktur ausgestattet, der wir durch unsere Entdeckungen auf die Spur kommen.

Hier muß man betonen, daß die Philosophie weit mehr zu bieten hat als Probleme und Versuche ihrer Lösung. Ich wüßte keinen Einwand gegen die von Kant – in der 1800 veröffentlichten *Logik* – aufgestellte Behauptung: »Das Feld der Philosophie in dieser weltbürgerlichen Bedeutung lässt sich auf folgende Fragen bringen:

1) *Was kann ich wissen?*
2) *Was soll ich tun?*
3) *Was darf ich hoffen?*
4) *Was ist der Mensch?*«

Das sind eigentlich keine Probleme, sondern Fragen der allgemeinsten Art. Oft geschieht es, daß sich *beim* Versuch der Beantwortung dieser Fragen philosophische Probleme ergeben, und das gilt insbesondere für die Fragestellung 1).

Zu welchem Zeitpunkt der historischen Entwicklung sind bestimmte Probleme aufgetaucht? Daraus ergeben sich zwei verschiedene Fragen: **75**

a) Wann wurden bestimmte philosophische Streitpunkte als *Probleme* eingestuft?
b) Wie weit können wir im abendländischen Denken zurückgehen und Fragestellungen wiedererkennen, die wir selbst als philosophische Probleme bezeichnen?

Kein System hat sich hingebungsvoller mit »Problemen« befaßt als die im englischen Sprachraum betriebene analytische Philosophie. Eine überpointierte Antwort auf die Frage a) dient hier als hilfreiche Gedächtnisstütze: Es geschah im Laufe des akademischen Jahres 1910/11, daß man das Philosophieren im englischen Sprachraum als Beschäftigung mit Problemen zu kennzeichnen begann. In dieser Zeit schrieb Bertrand Russell das Buch *The Problems of Philosophy*, G. E. Moore hielt damals in London eine (erst sehr viel später publizierte) öffentliche Vortragsreihe unter dem Titel *Some Problems of Philosophy*, und William James arbeitete gerade an seinem letzten Buch – *Problems of Philosophy*. Bei Autoren, die früher schrieben, war von »den« Problemen der Philosophie nicht sonderlich häufig die Rede.

Freilich gab es auch vor diesem Zeitpunkt schon viele Probleme, mit denen man sich auseinandersetzte. Hume formulierte das (skeptische) Problem der Induktion mit beispielloser Genauigkeit – vielleicht erfand er es sogar. Dennoch ist die bewußte Vorstellung, in der Philosophie gehe es um Probleme, womöglich neueren Datums. Aristoteles stellte zwar fest, es gebe eine bestimmte – von ihm als »aporiai« bezeichnete – Klasse von Rätseln oder Schwierigkeiten, aber vielleicht war es erst Kant, durch den sich die Tradition der Probleme und Lösungen einbürgerte. Kant stellte zum Beispiel die Frage »Wie ist reine Mathematik möglich?«, und in der *Kritik der reinen Vernunft* ging es ihm zunächst darum, eine Lösung dieses Problems darzulegen.

Worin besteht das Problem? Einerseits ist reine Mathematik ganz offensichtlich möglich. Doch andererseits scheinen die Mathematiker etwas Unmögliches zu leisten, indem sie durch nichts weiter als Denken zu sicheren Erkenntnissen gelangen, die über die von ihnen gemachten Voraussetzungen hinausgehen. Wie ist das möglich? Darauf antwortete Kant unter Berufung auf reine Formen der Anschauung von Raum und Zeit beziehungsweise mit der Postulierung solcher Formen.

Kants Frage bezüglich der Mathematik macht nur auf diejenigen Eindruck, die aus eigener Erfahrung wissen, was es mit dem seltsamen Phänomen des mathematischen Beweises auf sich hat. Aber jeder, der nur ein wenig darüber nachdenkt, kann sich durch die Begriffe Freiheit und Notwendigkeit verwirren lassen. Kant artikulierte diese Art von Kopfzerbrechen in Form eines streng definierten Problems, das der im Mittelalter erörterten Frage des Verhältnisses zwischen göttlichem Zukunftswissen und Entscheidungsfreiheit zwar entspricht, aber trotzdem nicht gleich lautet. Anschließend löste er das Problem mit seiner Erklärung, wonach die Notwendigkeit im Bereich der Phänomene gilt, während die Freiheit im Bereich der Noumena zustande kommt.

Kant mag zwar die Art des Philosophierens begründet haben, bei der es um die Auseinandersetzung mit Problemen geht, doch auf philosophische Probleme im heutigen Sinne des Wortes stoßen wir schon viel früher. Das sagt vielleicht einiges über das, was wir jetzt als ›Philosophie‹ gelten lassen. Aristoteles meint in seinen ethischen Schriften, man solle von *aporiai* ausgehen, also von Rätseln oder Schwierigkeiten, die sich aus zwei allgemein anerkannten, aber nicht miteinander vereinbarten Prinzipien ergeben. Nach seiner These besteht die richtige Methode in der Philosophie darin, daß man bei solchen Konflikten ansetzt, um sie sodann zu lösen. Derartige Rätsel bilden zumindest eine wichtige Teilfamilie der philosophischen Probleme, und man könnte sogar behaupten, daß auch Kants Frage hinsichtlich der reinen Mathematik mit dazugehört.

In Platons Dialog *Euthyphron* richtet Sokrates an Euthyphron die herausfordernde Frage »Was ist Frömmigkeit?«. Das ist ein Beispiel für eine weitere Teilfamilie der philosophischen Probleme, nämlich die Suche nach Kriterien. Wie das Beispiel zeigt, werden Kriterien hier im Rahmen einer Untersuchung der gebotenen Lebensführung verlangt. Forderungen nach Kriterien können eng mit analytischen Problemen zusammenhängen. So bemüht man sich etwa, Kriterien für triftige induktive Belege zu bestimmen. Außerdem weisen sie eine gewisse Ähnlichkeit mit den Aristotelischen *aporiai* auf. Denn Euthyphron weiß natürlich schon recht gut, was Frömmigkeit ist; er weiß, daß sie die Achtung des Sohnes für den Vater und manches andere einschließt. Und dennoch fällt es ihm um so schwerer, je mehr er bedrängt wird, anzugeben, was Frömmigkeit eigentlich ist. Diese Betrachtungen bestätigen die These, daß der Begriff ›philosophisches Problem‹ auf Familienähnlichkeiten beruht.

Viele philosophische Probleme sind auf die im *Euthyphron* vorgezeichnete Weise zustande gekommen, nämlich durch Ausloten des Offenkundigen. Das ist ein Verfahren, das Kinder ganz besonders gut beherrschen. Durch die Unterhaltung zwischen sechs- oder siebenjährigen Kindern, die sich auszudrücken vermögen, werden oft in ganz eindringlicher Form philosophische Probleme aufgeworfen. Im alten Griechenland war dieses Phänomen wahrscheinlich in Familien zu beobachten, in denen ein gewisses Maß an Muße herrschte. Das Bemerkenswerte an Sokrates war vielleicht nicht der Umstand, daß er ein Philosoph war, sondern daß er bei der Philosophie blieb, als er schon längst kein Siebenjähriger mehr war.

Ich habe hier Kant herausgestellt. Es gibt eine weitere Hinsicht, in der er den Grundpfeiler des späteren Gebäudes philosophischer Probleme bildet. Probleme verlangen Lösungen. Kant war bestimmt der Überzeugung, einige Lösungen geliefert zu haben. Aber zugleich war er der Pionier eines Alternativverfahrens, bei dem es darauf ankommt, Probleme zu untergraben, ihnen den Boden zu entziehen.

Viele philosophische Probleme – etwa das Problem des Nominalismus – sind allem Anschein nach unvergänglich. Vielleicht stellt sich ein philosophisches Problem, wenn man angeben will, warum es unvergängliche Probleme gibt. Eine Möglichkeit besteht darin, daß man geltend macht, sie beruhten auf Irrtümern und müßten untergraben werden. Kants Methode, ihnen den Boden zu entziehen, war das Verfahren der Erklärung und Zurückweisung. Er erklärte, wie ein Problem entsteht, und zeigte, daß die Vorstellung, es handele sich um ein lösbares Problem, selbst einen Irrtum darstellt. In der »Transzendentalen Dialektik« geht es unter anderem darum, einige Probleme – nämlich die Antinomien – zu erklären und zurückzuweisen.

Die Antinomien weisen folgende Form auf: Man verfügt sowohl über einen Beweis einer bestimmten These als auch über einen Gegenbeweis beziehungsweise einen Beweis der Antithese. (Das ist der Extremfall einer *aporia*.) Wie lassen sich diese Beweise miteinander in Einklang bringen? Kant erklärt, wie die reine Vernunft ihre eigenen Grenzen überschreitet. Die Vernunft konstruiert offenbar sowohl den Beweis als auch den Gegenbeweis, doch dabei geht sie über die Grundlagen ihrer eigenen Anwendung hinaus.

Erklärung und Zurückweisung sind nicht die einzigen Möglichkeiten, einem Problem den Boden zu entziehen. Wittgenstein geht es in den *Philosophischen Untersuchungen* neben anderen Zielen darum, eine Reihe von philosophischen Problemen »aufzudröseln«. (Dieses Wort entlehne ich dem Wittgenstein-Kommentar von Gordon Baker und Peter Hacker.) Ein großer Teil des Buches ist so geschrieben, daß verschiedene Stimmen zu Worte kommen, die von den Interpreten manchmal so auseinandergehalten werden, daß mal Wittgenstein selbst und ein andermal einer seiner Gesprächspartner redet. Diese widerstreitenden Stimmen lassen ständig Schwierigkeiten aufkommen und sind anschließend bemüht, diese Schwierigkeiten aufzudröseln. Damit ist unter anderem beabsichtigt, den philosophischen Problemen etwas von ihrer Dringlichkeit zu nehmen und sie letzten Endes zum Verschwinden zu bringen. Dabei verfügt Wittgenstein natürlich über eine Vielzahl von Metaphern: Er will der Fliege den Weg aus dem Fliegenglas zeigen, oder er will der Verhexung des Verstandes durch die Sprache ein Ende machen.

Meiner Meinung nach versucht Wittgenstein mit vielen seiner Bemerkungen über die Grundlagen der Mathematik das Problem, das Kant nach eigener Überzeugung gelöst hatte, aufzudröseln, nämlich das Problem »Wie ist reine Mathematik möglich?«. Genauer gesagt: Wittgenstein stellt fest, daß bestimmte Phänomene, die einem beim Umgang mit der Mathematik – also wenn man kreativ Mathematik treibt oder allmählich einen Beweis versteht – auffallen, tiefe Rätsel aufgeben, was auch für andere Phänomene gelte, deren man bei der Anwendung oder beim Gebrauch der Mathematik inne wird. Während Kant geglaubt hatte, im Hinblick auf die reine Mathematik gebe es *ein* Problem, versucht Wittgenstein, die vielen problematischen Facetten der, wie er schreibt, »bunten« Mathematik aufzudröseln, um den philosophischen Problemen den Boden zu entziehen.

Ein für Wittgenstein überaus quälendes Problem war, wie es scheint, das Problem des Solipsismus, das im *Tractatus* ausdrücklich genannt wird und in den *Philosophischen Untersuchungen* in mehreren verschiedenen Gewändern wiederkehrt. Sofern er dieses Problem in der am Anfang meiner Ausführungen angedeuteten Form nicht bloß als Verstandes-, sondern als Lebensproblem wirklich aus eigener ›Erfahrung‹ kannte, läge der gelegentlich angestellte Vergleich zwischen seinem eigenen und einem ›therapeutischen‹ Vorgehen zwingend nahe. Die Therapie würde dann nicht nur einer Frage des Verstandes gelten, sondern einer emotionalen Frage. Jeder Schritt in die Richtung, dem Problem etwas von seiner Dringlichkeit zu nehmen und es zu guter Letzt zum Verschwinden zu bringen, wäre ein mehr als bloß intellektueller Sieg.

Kants Ausweg aus den Antinomien setzt ebenso wie die philosophische Therapie à la Wittgenstein voraus, daß wir nach und nach zum Verständnis eines Problems gelangen und uns dadurch von seiner Last befreien. Es kann jedoch vorkommen, daß ein Problem durchaus nicht verschwindet, wenn man es versteht. Es liegt eine gewisse Ironie darin, daß wir es möglicherweise begreifen und trotzdem darunter leiden. Denken wir zum Vergleich an die Freudsche Psychoanalyse. Deren Ziel war es, den Patienten dazu zu bringen, daß er seine neurotischen Probleme versteht, damit sie schwächer werden oder verschwinden. Heute wissen wir, daß das Verstehen einer Neurose keineswegs ihre Heilung mit sich bringt. Belegt wird das durch den Fall des Wolfsmannes, der Freud um etliche Jahre überlebt hat. Seine Neurosen kehrten wieder, und da gab es keinen Freud mehr, der ihn hätte behandeln können. Er kam zu dem Schluß, daß Freuds Erklärung seiner Neurose verfehlt gewesen war. Man könnte auch die entgegengesetzte Ansicht vertreten und meinen, die Erklärung sei vielleicht richtig gewesen, aber durch das Verständnis sei die Neurose nicht zum Verschwinden gebracht worden. Daß man in letzter Zeit so reichlich auf Freud eingedroschen hat, ist zum Teil aufgrund der wachsenden Zahl an Hinweisen gerechtfertigt, aus denen hervorgeht, in welchem Maße er selbst bei der Veröffentlichung seiner Fallgeschichten gemogelt hat. Außerdem spiegelt es einen Mangel an Verständnis für den wichtigeren Sachverhalt, daß Verstehen nicht unbedingt Heilung beinhaltet. Das gleiche gilt für das Untergraben philosophischer Probleme.

Die Neigung, die Philosophie so aufzufassen, als bestünde sie aus philosophischen Problemen, hat eine Fehldeutung Wittgensteins nach sich gezogen. Schon oft ist behauptet worden, er habe gewünscht, mit der Philosophie solle Schluß gemacht werden. Nein, was nach seinem Wunsch verschwinden sollte, war dieses oder jenes philosophische Problem, vielleicht sogar alle derartigen Probleme. Aber er wollte keineswegs, daß die Philosophie – sein einziger Beistand gegen den von solchen Problemen ausgehenden Druck – verschwände. Daher philosophierte er praktisch bis zum Tag seines Todes.

Zu Anfang habe ich versprochen, ein paar philosophische Probleme auf radikale Weise zu erklären. Diese Erklärung klingt zwar abwegig, doch sie beruht auf allgemein anerkannten Voraussetzungen. So wird beispielsweise häufig – und nicht ohne Grund – behauptet, viele philosophische Probleme entstünden aus Begriffsverwirrungen. Von hier wollen wir ausgehen.

82

Was ist ein Begriff? Nicht benutzen sollten wir das Modell, wonach Begriffe nichts anderes sind als abstrakte, nichtsprachliche Entitäten, die von unserem Geist erfaßt werden. Erklärt wird ein Begriff durch Worte, durch die Kontexte, in denen wir diese Worte gebrauchen, und durch die Fähigkeiten, Worte in diesen Umgebungen richtig zu verwenden. Ein Begriff ist, was diese Belange angeht, ein Wort (oder ein aus mehreren Wörtern bestehender Ausdruck) in seinen Umgebungen.

Welches sind die relevanten Umgebungen? Frege erwiderte: die Sätze, in denen ein Wort gebraucht wird. Ich meine jedoch viel mehr als das: beispielsweise die durch Äußerung der Sätze vollzogenen Akte sowie die Bedingungen des Gelingens und der Befugnis zur Äußerung dieser Sätze. Die Befugnis muß normalerweise im Hinblick auf die Institutionen verstanden werden, von denen der Gebrauch eines Worts oder eines Satzes gestattet wird. Meine sprachbezogene Erklärung der Begriffe deutet sie als Bestandteile sozialer Phänomene und Strukturen, die ich allesamt zu der Vielfalt der für einen Begriff konstitutiven Umgebungen rechne.

Es gibt zwei Lesarten dieser Vorstellung, wonach ein Begriff nichts anderes ist als ein Wort in seinen Umgebungen. Die strenge Lesart besagt, ein Begriff erschöpfe sich in der Gesamtheit der Einzeläußerungen-in-ihren-Umgebungen, in denen das betreffende Wort gebraucht worden ist (in einer Gesamtheit also, die wir durch Aufzählen niemals wirklich bestimmen könnten). Die weniger strenge Lesart würde den Begriff durch Bezugnahme auf die Umstände definieren, unter denen das Wort richtig benutzt wurde oder richtig hätte benutzt werden können. Diese Definition steht in engem Zusammenhang mit der Fähigkeit zum Gebrauch des Wortes. Die zweite Lesart erfreut sich unter Philosophen größerer Beliebtheit, doch aus Gründen der Strenge tendiere ich zu der etwas Unmögliches beinhaltenden ersten Lesart.

Hier ergibt sich die auf der Hand liegende Schwierigkeit, daß dieser gemeinschafts- und sprachbezogenen Erklärung zufolge jede Sprache (und vielleicht jede Gemeinschaft) über ihre eigene Menge von Begriffen verfügt. Die Zahl der Begriffe sollte aber nicht über das Notwendige hinaus vermehrt werden. Wir müssen daher zulassen, daß in verschiedenen Sprachen homolog verwendete Worte denselben Begriff ausdrücken. Ich bin mir nicht sicher, ob die Kriterien für die Bildung solcher Äquivalenzklassen angegeben werden können, ohne Zugeständnisse zu machen, doch hier sind die Autoritäten, auf die man sich beim Übersetzen beruft, maßgeblich. Damit meine ich nichts Abstraktes, sondern Instanzen wie zum Beispiel die Herausgeber dieses Bandes und den Übersetzer, der meine Ausführungen ins Deutsche überträgt.

Dennoch neige ich zu der Behauptung, daß ein neues Wort beziehungsweise ein altes Wort in neuer Umgebung einen neuen Begriff beinhaltet. Das Wort ›Determinismus‹ etwa kommt im Deutschen um das Jahr 1788 auf. Der nicht mehr durch Bezugnahme auf vorausbestimmende Triebfedern, sondern auf Wirkursachen erklärte Gebrauch dieses Wortes und damit verwandter Wörter setzt sich um 1860 in allen europäischen Sprachen durch. Nach meiner These entsteht mit diesem neuen Gebrauch des Wortes ein neuer Begriff von Determinismus, der seinerseits mit einem recht scharfen Bruch oder zumindest mit einem Einschnitt im Bereich der Erkenntnis verbunden ist.

Das erinnert an einen weiteren Gemeinplatz des zwanzigsten Jahrhunderts, den man auf Gaston Bachelard, Ludwik Fleck oder Thomas Kuhn zurückführen darf. In Wissenssystemen kommt es zu Revolutionen, Brüchen, erkenntnistheoretischen Einschnitten, Mutationen oder wie immer man das ausdrücken möchte. Im typischen Fall ist es so, daß einige Begriffe die Revolution nicht überstehen. Selbst wenn das betreffende Wort erhalten bleibt, wird es nicht mehr in der alten Umgebung, sondern in einer neuen gebraucht. Das impliziert nicht, daß die Sprecher unter dem neuen Regime nicht mehr verstehen, was unter dem alten Regime gesagt wurde – Inkommensurabilität folgt einfach nicht daraus. Was tatsächlich daraus folgt, ist, daß es für Begriffe Anfang und Ende geben kann, die manchmal durch Revolutionen im Bereich der Ideen gekennzeichnet sind.

Bisher habe ich nichts Ungewöhnliches gesagt. Der Leser mag zwar anderer Meinung sein als ich und meine Auffassung der Begriffe für allzu sprachabhängig halten oder die Schärfe der durch Veränderungen im theoretischen Bereich bewirkten Einschnitte bezweifeln, aber keine der bisher geäußerten Behauptungen oder Vorschläge sind ohne Vorbild. Jetzt hingegen möchte ich einen durch und durch neuen Gedanken unterbreiten, den man mit den folgenden paradoxen Worten resümieren könnte: *Begriffe haben Erinnerungen an Ereignisse, die wir vergessen haben*. Eine wichtige

Klasse von Begriffsverwirrungen ergibt sich aus Begriffen, die nach einem ziemlich einschneidenden Bruch entstehen und mit ihren Vorläufern nicht zu vereinbaren sind, aber dennoch die Erinnerung an sie bewahren.

Um es weniger anspruchsvoll zu formulieren: Einige philosophische Probleme rühren daher, daß Begriffe eine Geschichte haben, von der man sich ein falsches Bild macht. Manchmal wird ein Begriff zu einem bestimmten Zeitpunkt möglich. Ermöglicht wird er durch frühere Ideen, die zusammengebrochen oder zerborsten sind. Ein philosophisches Problem wird durch Inkohärenzen zwischen dem früheren Zustand und dem späteren erzeugt. Begriffe »erinnern sich« daran, wir hingegen nicht. Wir nagen an einem Problem herum, solange der betreffende Begriff lebendig ist, weil wir nicht einsehen, daß das Problem aus einem Mangel an Kohärenz zwischen diesem Begriff und der ihn ermöglichenden früheren Ideenordnung hervorgegangen ist. So verhält es sich nach meiner Überzeugung etwa im Fall des skeptischen Problems der Induktion. Für diese These spricht zumindest *ein* Umstand: Das Problem ist noch nicht steinalt, sondern wurde erst von David Hume vollständig artikuliert.

Das ist das Hauptthema meines 1975 erschienenen Buchs *The Emergence of Probability*. Der Wahrscheinlichkeitsbegriff entwickelte sich um 1650 als Abwandlung der Renaissancebegriffe des Zeichens und der Ähnlichkeit. Unsere Probleme bezüglich Wahrscheinlichkeit und Induktion entstanden aus einem Mangel an Kohärenz zwischen der alten Gedankenordnung und der neuen. Besonders das später aufgekommene skeptische Problem der Induktion – für dessen genaue Formulierung durch Hume noch zwei oder drei Generationen nötig waren – ist eine Folge dieses Umbruchs im Reich der Ideen.

Das führt uns zurück zu dem Gedanken, man könne ein philosophisches Problem erklären, man könne zeigen, wie es entstanden ist, und sein Vorhandensein begreifen. Um das Wesen eines philosophischen Problems zu erfassen, muß man sich mit der Vorgeschichte problematischer Begriffe auseinandersetzen und deutlich machen, was sie ermöglicht hat. Doch dadurch, daß man ein Problem verstanden hat, ist es noch nicht gelöst, sondern dieses Verständnis kann höchstens dafür sorgen, daß wir das Interesse daran verlieren.

Das Problem der Induktion wird nie verschwinden, aber wir können uns mit der Frage auseinandersetzen, wie es entstanden ist, indem wir Aufschluß geben über das unglückliche Bewußtsein, das bei der Schaffung der relevanten Wahrscheinlichkeitsbegriffe eine Rolle gespielt hat, sowie über die Art und Weise, in der ihr Zusammenspiel mit dem Zeichenbegriff der Renaissance mißlungen ist. Das habe ich hier nicht weiter erläutert, sondern mich mit dem Hinweis auf das Buch begnügt, in dem ich mich ausführlicher über dieses Thema zu äußern bemühe. Die Methode ist – um das von Michel Foucault eingeführte Etikett zu benutzen – archäologisch. In diesem Sinne habe ich einmal über Probleme im Bereich der Mathematik geschrieben: Das Fliegenglas wurde von der Vorgeschichte geformt, und nur der Archäologie kann es gelingen, seine Gestalt deutlich zu machen.

Dieter Henrich
Das eine Problem, sich Problem zu sein

Von philosophischen Problemen läßt sich leicht im Plural sprechen. Zahlreiche Einführungsvorlesungen wurden unter dem Titel ›Probleme der Philosophie‹ gehalten, und unter ihm erschienen bekannte Bücher wie etwa die von Russell und von Schlick. Die Philosophie von Problemen her vorzustellen, muß auch einer Zeit naheliegen, in der Lehrgebäude mit ihren Theoremen und Beweisen wenig Kredit haben. Mit ihren Problemen erscheint die Philosophie im Licht dessen, was sie motiviert und woran sie sich abarbeitet: So wird sie nicht durch ihre Resultate repräsentiert und nicht einmal auf irgendwelche Resultate festgelegt. Man kann in ihr, einem ihrer Wortsinne nach, eine Bemühung am Werke sehen, die zugleich aufgeschlossen bleibt für weit voneinander abliegende Versuche zur Lösung ihrer Probleme. In solcher Offenheit kann, was sie anziehend macht, frei von Systemzwang und Belehrungsgestus zur Wirkung kommen.

Stellt man die Philosophie so dar, dann muß man von einer Art Liste der Probleme ausgehen, von denen im wesentlichen unbestritten ist, daß sie ihren Platz in der Philosophie haben. Indem man sie in Folge vorstellt und erörtert, wird sicher Zug um Zug auch ein implizites Verständnis von dem ausgebildet, was der Philosophie eigentümlich ist und was ihre Probleme miteinander gemeinsam haben. Doch sollte das so induzierte Verstehen wohl auch selbst noch zum Problem gemacht werden. Denn man kann doch immer fragen, ob es adäquat ist und ob dem bloßen consensus omnium bei der Zuweisung von Problemen an die Philosophie zu vertrauen ist.

Denn immer wieder sind Probleme aus dem Bereich der Philosophie ausgeschieden worden, und andere haben einen Platz auf deren Problemliste gewonnen. Beispiel für den ersten Fall ist die Suche nach den Grundkräften in der Natur, für den zweiten die Erklärung der Bedeutung von sprachlichen Ausdrücken und eine Aufklärung über das Fundament der Objektbeziehung des Denkens. Dazu kommt, daß manche Probleme zwar als philosophische anerkannt blieben, daß aber ihre Behandlung deshalb sinnlos wurde, weil man dazu kam, sie zunächst für unlösbar und dann weiter auch noch für ignorabel zu halten.

Vom klassischen Athen an haben Philosophen immer wieder den Themenbereich der Erkenntnisbemühung und des Wissens zu bestimmen gehabt, zu dem die Philosophie etwa gelangen mag. Man konnte die Philosophie als die Bemühung um die Erkenntnis der ersten Gründe, als Erkenntnis des Notwendigen und Unveränderlichen oder durch die ihr eigenen Themenbereiche als den Inbegriff von Physik, Ethik und Logik erklären. Der Bezug auf ein Erstes oder ein Notwendiges hat sich von diesen frühen Bestimmungen bis in die Philosophie des achtzehnten Jahrhunderts durchgehalten. In allen solchen Bestimmungen ist aber noch gar nichts über die Verfahrensart ausgemacht, mit der die Philosophie ihre Probleme zu lösen versucht, und gleichermaßen nichts über die Quellen, aus denen ihr diese Probleme zuwachsen. Die Auskunft darüber steht jedenfalls nicht im Focus der Erklärung dessen, was die Philosophie auszeichnet.

Gegen Ende des achtzehnten Jahrhunderts haben sich die Erklärungen dessen, was der Philosophie eigentümlich ist, dann aber auf diese Aufgabe konzentriert. Seither ist es zu einer Fülle methodischer Bestimmungen der Philosophie gekommen, die ihrer Anzahl nach die Bestimmungen des Eigentümlichen der Philosophie nur wenig unterschreiten dürfte. Mit jeder Methodenerklärung geht eine Vororientierung über das einher, was philosophische Probleme ausmacht, wie sie sich in lösbare und nicht zu lösende aufgliedern und wie es zu dieser letzteren Unterscheidung überhaupt kommt.

Wird nun nach dem gefragt, was ein Problem zu einem philosophischen werden läßt, so ist dabei ein Wissen von zweierlei vorausgesetzt: 1. Probleme können als Schmuggelware in die Philosophie gelangen und dabei Verwirrung in die Verfahrensart der Philosophie bringen. 2. Eine sichere Verständigung über die Verfahrensart in der philosophischen Argumentation und der Problemlösung, die durch sie angestrebt wird, macht es allererst möglich, zwischen philosophischen Themen und solchen zu unterscheiden, die in andere Disziplinen gehören, auch wenn sie seit langem heimatlos sind und Asyl in der Philosophie genießen.

Doch dabei darf man nun nicht etwa voraussetzen, daß es einen einzigen Typ von Problemen gibt, die philosophisch zu nennen sind, und eine einzige Verfahrensart, in der sie behandelt und dann etwa auch gelöst werden können. Die Versuche, zu einer rigide abgrenzenden Bestimmung eines solchen Typs zu kommen, waren zwar immer mit originären Leistungen in der Philosophie verbunden. In ihrer Rigidität haben sie sich aber niemals aufrechterhalten lassen. Sie sind immer nur auf eine Angabe dessen hinausgelaufen, was der Philosophie eigentümlich ist und welche Begründungsart infolgedessen innerhalb ihrer eine ausgezeichnete Bedeutung hat. Selbst wenn es sich dabei um eine nur der Philosophie eigene Begründungsart handeln sollte, ist doch damit, daß sie herausgestellt und erklärt wird, nicht zugleich auch ein Sortierungsverfahren bestimmt worden, das es erlauben würde, Probleme in der Philosophie aufzunehmen und andere von ihr abzuweisen.

Drei Beispiele mögen das erläutern: Kant sah das Eigentümliche der Philosophie in ihrer Frage nach der Bedingung der Möglichkeit aller der Sätze über Gegenstände, die nicht durch Erfahrung begründet werden können. Diese Orientierung auf ein grundlegendes Problemfeld, das viele Teilprobleme in sich einschließt, ist für sein Werk auch wirklich konstitutiv. Dennoch hat dies Problem in diesem Werk kein Exklusivitätsrecht. Vielmehr wird gerade im Ausgang von ihm sehr bald die ganz andere Frage virulent, wie sich die Bedingungen der Möglichkeit zueinander verhalten, die uns jeweils die Möglichkeit irgendeines besonderen und ausgezeichneten Wissens erklären. Die Frage nach der Begründungsart, die uns Bedingungen der Möglichkeit erschließt, ist selbst nicht als ein Problem zu fassen, das sich nach der Vorgabe der Grundfrage versteht. Sie stellt sich in der Nachfolge der Antwort auf die Grundfrage nach der Erklärung der Möglichkeit apriorischer Erkenntnis. Andere Probleme jeweils eigener Verfassung treten aber auch innerhalb der Untersuchungen auf, die zur Erklärung einer Art von apriorischem Gegenstandswissen führen. So ist zum Beispiel die Analyse des im sittlichen Sinne guten Willens die Voraussetzung für die Frage nach der Bedingung seiner Möglichkeit und zugleich eine Aufgabe, die nur der Philosophie zufallen kann, obwohl das in ihr zu verwendende

Verfahren sich von dem allgemeinen analytischen Verfahren nicht unterscheidet.

Husserl hat das eigentümliche Verfahren der Philosophie darin gesehen, kraft der Ausschaltung jeglicher Voraussetzung der Wirklichkeit von Gegenständen und jeder impliziten Beziehung auf sie zu einer in reiner Anschauung fundierten Deskription dessen zu gelangen, was unmittelbar gegeben oder als synthetischer Aktus in Vollzug ist. Aber in diese seine Deskriptionen greifen immer wieder Annahmen, logische Herleitungen und die Inanspruchnahme von Zusammenhängen ein, die in der Anschauung gar nicht ausgewiesen werden können. Während also bei Kant die Angabe eines für die Philosophie charakteristischen Verfahrens und Problemstands für die Einführung anderer Problemfelder und anderer Verfahren in die Philosophie anschlußfähig bleibt, führt ein rigider gefaßter Methodenbegriff dann zum Selbstwiderspruch, wenn sich zeigt, daß die Probleme, die nach dieser Methode gelöst werden sollen, über deren exklusiven Gebrauch hinaustreiben.

Im letzten Jahrhundert schien eine These vielversprechend und als Sortierungsprinzip besser als jede vorausgehende geeignet. Ihr zufolge kommt ein philosophisches Problem, das zudem grundsätzlich auch lösbar ist, immer dann auf, wenn die Aufklärung der Bedeutung oder der Gebrauchsbedingungen von Begriffen und von Satzformen sowie von sprachlichen Ausdrücken ansteht. Durch Analyse in einem weiten Sinn dieses Wortes, der die Reflexion auf die Gebrauchsbedingungen einschließt, lassen sich Problemlagen klären, die dann, sofern sie nach der Analyse noch fortbestehen, mit den Methoden anderer Wissenschaften aufzulösen sind. Die nicht hintergehbaren Voraussetzungen in unserem Weltverhältnis lassen sich so bewußt machen. Und insbesondere lassen sich Beirrungen auflösen, die auf Verwendungsweisen von Begriffen zurückgehen, welche von ihrem genuinen Sinn nicht gedeckt sind. Die Philosophie ist dabei aber nicht auf die Abwehr solchen Mißbrauchs eingeschränkt. Sie führt vielmehr, nach dem Ausdruck von Wittgenstein, zu einer Übersicht über die Grundlagen verstehbaren Redens und über den Aufbau unseres Begriffssystems, zur Verständigung über seine Funktionsweise und zu einer quasi-kantischen Einsicht in die Voraussetzungen, in die das System eingebunden ist. Offensichtlich ist nun diese zweite, die verallgemeinernde, die synthetisch-systematische Aufgabe wiederum nicht durch Analyse allein einzulösen. Darüber hinaus ist es aber inzwischen allgemeine Überzeugung, daß das analytische Verfahren die überkommenen inhaltlichen Probleme der Philosophie nicht zum Verschwinden bringt. Auf der Liste solcher Probleme, die zwar der Begriffs- und Formanalyse bedürfen, in ihr aber nicht aufgehen, finden sich neben vielen anderen das Leib-Seele-Problem und jedes Problem der Ethik, das über die Aufklärung der Sprache des moralischen Diskurses hinausgeht. Das aber ist nahezu alles, dessentwegen die Ethik, eine der ältesten philosophischen Disziplinen, noch immer ein anderes als ein innerakademisches Interesse auf sich zieht. Der Methodensinn einer sich analytisch nennenden Philosophie bleibt damit vage. Oft ist er dazu geeignet, das Problembewußtsein in der Philosophie zu reduzieren.

Diese Durchsicht im Schnellgang ist bereits hinreichender Anlaß zu drei Schlußfolgerungen: Zum einen müssen wir davon ausgehen, daß Probleme von ganz verschiedenem Typus in der Philosophie einen legitimen Platz haben. Zum zweiten ist zumindest jede neuere philosophische Position von Gewicht mit einer ihr eigentümlichen Bestimmung ihrer Verfahrensart, damit auch mit einem Ansatz dazu verbunden, wie sich für sie diejenigen philosophischen Probleme, die für sie grundlegend sind, von solchen unterscheiden, die sie aus dem Bereich entweder der lösbaren oder der philosophischen Probleme ganz ausscheiden kann. Sie führt aber nicht dazu, der Philosophie zugehörige Probleme auf einen einzigen Problemtyp festzulegen. Mit jedem dieser Verfahren wird darum die Selbstverständigung der Philosophie nicht nur erweitert, sondern auch erschwert. Denn häufig, wenn auch nicht immer, sind in den neuen Verfahrenvorschlägen selbst schon Elemente enthalten, die im konkreteren Problemlösungsverhalten der Philosophie nicht ignoriert werden können. Zum dritten geht zudem gerade aus jeder Inanspruchnahme einer Verfahrensart als grundlegend für die Philosophie ein neues Problem hervor. Es stellt sich stets dann, wenn danach gefragt wird, wie jene Verfahrensart begründet und wodurch sie ermöglicht ist.

Damit fällt neuerlich Licht auf die Philosophie insgesamt, insofern sie in ihrer Verfahrensart und ihrer Problembestimmung selbstreflexiv ist. Daß sie ihr eigenes Wissen und ihr Procedere zum Thema machen muß, gilt schon seit längerem als ein Zug, der ihr eigentümlich ist und der für den Verlauf ihrer Geschichte und für die wichtigsten Wendungen in ihr eine überragende Bedeutung hatte.

Ihr reflexiver Selbstbezug definiert zwar nicht, was ein Problem der Philosophie ausmacht. Wohl aber ist von ihm her zu begreifen, in welchem Sinne die Philosophie sich selber *ein* Problem ist. Der Singular in dieser neuen Wendung ist keiner, der dies Problem auf eine Liste unter die vielen anderen Probleme der Philosophie bringt, deren Zuordnung zueinander dann noch weiter zu bestimmen bleibt und die mit jedem neuen Verfahrenssinn der Philosophie auch neu zu fassen sein werden. Man könnte diesen

Singular durchaus als den Singular des Zahlworts nehmen: In all den vielen Problemen der Philosophie und in der Typendifferenz zwischen ihnen ist es in gewissem Sinne das eine und ewige Grundproblem, welches nur der Philosophie eigen ist, über sich selbst und ihr Verfahren begründete Auskunft geben zu müssen und dabei in ihr ganz eigentümliche Schwierigkeiten verwickelt zu sein.

Nun ist aber auch klar, daß keine solche Auskunft über sich dem wirklichen Philosophieren vorab gegeben werden kann. Die mit ihr verbundenen Schwierigkeiten sind mindestens so groß wie diejenigen, die sich bei der Lösung jedes anderen ihrer Probleme einstellen, und sie setzt den Ansatz zu einer solchen Lösung auch stets schon voraus. Man kann sogar erwägen, ob man sich dieses hochstufigen Reflexionsproblems nicht ganz entledigen sollte, wie ja die Methodologie für die Physik und die Kunsttheorie für die Künstler als ebenso überflüssig hat gelten können wie für die Vögel die Ornithologie. Aber ein solcher Ausweg verbietet sich doch spätestens dann, wenn die von einem Philosophen praktizierten Verfahren selbst Zweifeln ausgesetzt sind, und mehr noch, wenn ein solches Verfahren in miteinander nicht vereinbare Versionen aufgespalten worden ist. Solches ist im Kantianismus, in der Phänomenologie und in der Logischen Analysis gleichermaßen geschehen.

Die Reflexion auf das Verfahren kommt nicht nur nachträglich auf, um dann aber in der vollendeten Präsentation einer philosophischen Argumentation endgültig deren definitive Selbstdarstellung zu sichern. Diese Reflexion kann sogar erst dann zu einem Resultat führen, wenn die eigentliche Begründungsarbeit des Philosophen bereits abgeschlossen ist. Von Kant ist uns das Zeugnis überkommen, daß er sich erst spät in der Meditation darüber klar geworden sei, noch gar nicht zu wissen, was eigentlich das Problem sei, dem er in der *Kritik der reinen Vernunft* und in der Vielzahl von deren Begründungsbereichen nachging. Seine Meditation führte ihn zu der Einsicht, das Problem, dem er nachging, sei die Erklärung der Möglichkeit synthetischer Sätze apriori in Beziehung auf Gegenstände gewesen. Erst in die Anlage der *Prolegomena* und in die zweite Auflage der *Kritik* ist dann dies Meditationsergebnis eingegangen. Mit dieser Frage hat nun Kant wohl wirklich alle Begründungsfragen seiner Kritik aufeinander bezogen. Er war sich selbst dabei aber auch durchaus darüber im klaren, daß mit dieser Einsicht noch nichts über die Probleme angezeigt oder ausgemacht war, die sich dann ergeben, wenn nun auch dem Verfahren nachgedacht werden sollte, mit Hilfe dessen man zu einer Antwort auf die allgemeine Frage ausgreift, wie sich die Bedingungen von apriorischen Urteilen über Gegenstände aufklären lassen. Kant war davon überzeugt, dabei auf Voraussetzungen angewiesen zu sein, die sich vollständiger Aufklärung entweder ganz grundsätzlich oder jedenfalls beim Stand der Entwicklung der epistemischen Logik in seiner Zeit entzogen. So hat er um des Erfolgs seines Werkes willen schließlich ganz darauf verzichtet, diese Fragen öffentlich und also in den von ihm publizierten Schriften zu berühren. Das hatte freilich dann nur zur Folge, daß ein babylonisches Stimmengewirr zu den Methodenproblemen aufkam, die von Kants Werk gestellt sind.

Solche einfachen Betrachtungen und Beobachtungen veranlassen und berechtigen uns bereits dazu, weitgehende Schlußfolgerungen zu ziehen. Mit jedem Ansatz, ein Verfahren der Problemlösung und ihm eigentümliche Begründungen zu finden, öffnet sich zugleich auch eine neue Problemdimension. Sie kann nicht in einem mit der Ausführung jenes Ansatzes selbst auch noch zur

Domäne der Untersuchung gemacht werden. Die Philosophie bewegt und entfaltet sich also in einen Prozeß der Verständigung, den sie nicht selbst noch von einer neutralen Warte außerhalb seiner zu überschauen vermag, obwohl eben dies zu versuchen doch zu dem Unternehmen, welches sie definiert, wesentlich gehört.

Man könnte nun versucht sein, daran die Folgerung anzuschließen, die Philosophie sei in einem hermeneutischen Prozeß von Frage und Antwort eingebunden, der sie zu einem durchaus geschichtlichen Unterfangen werden läßt. Sie könne nur solche Probleme lösen wollen, die ihr in Perspektiven aufgehen, die ihr jeweils aus ihrer Vergangenheit und den Verständigungsverhältnissen ihrer Zeit vorgegeben werden. Doch kann man dies Letztere durchaus zugeben, ohne das Ganze, in dem sich die Philosophie entfaltet, gegen die Möglichkeit von verläßlicher Einsicht zu immunisieren und auf das Sinngeschehen einzuschränken, das sich in dem selbstgenügsamen Wechselspiel von Frage und Antwort vollzieht. Denn es darf davon ausgegangen werden, daß sich die Selbstverständigung des Menschen in einem Ganzen ausbildet, in dem Problemlagen und Begründungsweisen aufkommen und in dem in einem damit Möglichkeiten zur Entfaltung und Erklärung von Zügen einleuchten, die diesem Ganzen wirklich zugehören. Was auf solchen Wegen erschlossen wird, geht dann auch in einen Bestand gesicherten Wissens ein. In Beziehung auf ihn wird jedes Problem, das in der Folge aufkommt, erwogen und angegangen. Die Philosophie akkumuliert also Wissen. Das ist einer der Gründe dafür, daß sie auch dazu imstande ist, philosophische Irrwege wirklich definitiv aus sich auszuschließen. Unangesehen dessen bewegt sie sich aber in einem Gesamtfeld, von dem sie nicht denken kann, sie könne es schließlich ganz beherrschen und es dabei als Ganzes definitiv erschließen und ausmessen.

Derselbe Sachverhalt läßt sich aus einer anderen Erklärung dessen ableiten, was Philosophie ausmacht: Ihre Denkweise entfaltet sich an den Grenzen dessen, was zum Thema verläßlichen Wissens gemacht werden kann. So verwahrt und entwickelt sie in der höchstmöglichen Form von Verantwortung die Probleme, welche die Menschheit weder definitiv lösen noch unbeachtet lassen kann. Daraus ergibt sich im übrigen ein weiterer Ansatz dazu, Probleme, die der Philosophie ganz eigen sind, von solchen zu unterscheiden, die innerhalb ihrer auftreten, ohne für sie charakteristisch zu sein. Philosophische Probleme sind dann solche, die über Grenzen hinausgreifen, die niemals aufgehoben werden können.

Geht man von der Definition der Philosophie als grenzwahrendes und grenzerkundendes Denken aus, dann kann man die Sätze über ein Ganzes, das als nicht erschließbar vorausgesetzt werden muß, als Folgerungen gewinnen. Umgekehrt ist von diesen Sätzen her über Folgerungen die Definition der Philosophie als eine Wissensart zu erreichen, die sich an Grenzen entfaltet und deren Probleme und Begründungsweisen dadurch geprägt sind.

Daran lassen sich dann aber noch einige weitere Folgerungen von Gewicht anschließen. Auf drei von ihnen soll im Folgenden eingegangen werden.

1. Für die Philosophie als Ganzes gilt auf der einen Seite, daß sie sich nicht schlechthin an ein Verfahren binden kann, um davon, daß es praktiziert wird, die Lösung aller ihrer Probleme zu erwarten. Auf der anderen Seite hat die Philosophie aber nur insofern eine Perspektive auf Klarheit und vertieften Aufschluß, wenn sie

beides im Gang der Praktizierung eines Verfahrens gewinnt, das verspricht, aus zuvor undurchdringlichen Nebelfeldern herauszuführen. Eben deshalb werden auch in Zukunft immer wieder aufschlußkräftige Begründungen von Positionen gegeben werden, deren beschränkte Aufschlußkraft eigentlich gar nicht zu übersehen sein sollte. Sie dominieren dann für eine Weile ihre Zeit, bis sich die Einsicht in ihre Schranken mit neuen Perspektiven verbinden kann, die dahin gehen, ihre Leistungen zu nutzen und zugleich auf andere Wege einer überzeugenden Erschließung zu gelangen. Kantianismus, Phänomenologie und logische Analyse haben allesamt ebendies Schicksal gehabt.

98

Angesichts dessen verdienen Philosophen Bewunderung, die im Wissen von den Grenzen ihres Verfahrens ebendies Verfahren überzeugungskräftig ausgebildet und angewendet haben. Unter ihnen ist vor allen anderen Platon zu nennen. Er hat seine Ideenlehre dadurch behauptet, daß er sie selbst einer Fundamentalkritik ausgesetzt hat, womit er ihr eine vertiefte Perspektive auf Dauer erschloß. Aber auch Hume und Kant sind zu nennen – Hume, der in seinem *Treatise* erklärte, mit seinem Verfahren das Problem der persönlichen Identität nicht auflösen zu können, und Kant, dem es genug war, mit seinen Kritiken wenigstens den Umriß einer haltbaren Begründung erreicht zu haben.

2. Eine andere Folgerung betrifft Verständigungsbedingungen, die in der Situation, in der die Philosophie sich selbst als Problem begreift, von gesteigerter Relevanz sind. Im Umgang mit ihren Problemen muß sie immer auch die Folgerungen im Blick haben, die sich aus einer Lösung, zu der sie gelangt, für die Selbstverständigung ergeben, in die das Leben der Menschen aus der Konsequenz dieser Lösung gezogen werden kann. Die Philosophie hat

dem voraus überhaupt Anlaß dazu, jeden Schritt, den sie in einem ihrer Bereiche tut, in seiner Konsequenz für andere Bereiche und auf seine Vereinbarkeit mit Schritten zu betrachten, die in anderen Bereichen vollzogen wurden. Doch in diesem kohärentistischen Aspekt ihres Verfahrens geht die Aufgabe nicht auf, jederzeit die Applikation der Konsequenz von jeglicher Problemlösung des Denkens im Leben im Sinn zu haben.

Wir müssen doch davon ausgehen, daß die Grundlagen von Wissen und Verstehen, die niemals zur Gänze zu erschließen sind, zu den Bedingungen, unter denen sich ein bewußtes Menschenleben ausbildet, in einer wesentlichen, wenn auch nicht definitiv auslotbaren Beziehung stehen. Beide übersteigen die Möglichkeiten der Erforschung und theoretischen Beherrschung. Und beide müssen, wie unterschieden sie auch immer sein mögen, doch aus einem einzigen Grundbereich des Verstehens kommen. Verhält es sich so, dann kann sich der Philosoph mit seiner Aufmerksamkeit auf den Lebensprozeß davor bewahren, mit seinen Problemlösungen in Positionen zu enden, denen eine umfassendere Wahrheitsfähigkeit durchaus nicht wird zugeschrieben werden können.

So versteht es sich dann auch, daß die Definition der Philosophie als Klärung der Grundlagen von menschlichem Leben nicht beziehungslos neben den anderen Definitionen steht, die sie als Grenzverwalterin des Wissens und als Verwalterin des Problems verstehen, zu dem sie sich selbst werden muß. Umgekehrt ist freilich der bewußt vollzogene Lebensgang des Menschen seinerseits dessen bedürftig, sich in einem Denken zu orientieren und zu vergewissern, das seiner Verfassung nach dem entspricht, was der Philosophie als Disziplin eigentümlich ist. Nahezu alle Philosophen von historischer Bedeutung haben sich dieser wechselseitigen Möglichkeit der Evidentiierung ihrer Ideen und Problemlösungen im Ganzen ihres Werkes auch wirklich bedient. Aus demselben Zusammenhang läßt sich dann aber auch die Verführungskraft verstehen, die ein kraftvolles, zugleich aber auch von Ressentiments angetriebenes Philosophieren auszuüben vermag. Es kann den Problembezug in seinem Denken mit einer fehlgehenden Tiefendiagnose des menschlichen Lebens verbinden und von daher Appelle an dies Leben freisetzen, die es in lethale Abwege ziehen und in ihnen sich verstricken lassen. Auch diese Möglichkeit des Fehlgehens der Philosophie muß sie selbst immer im Blick behalten. Platons These, daß die Unterscheidung der Philosophie von der Sophistik zu den wichtigsten und schwierigsten ihrer Aufgaben gehört, gewinnt von daher ihren bleibenden Sinn. Aus der Geschichte des Denkens der letzten beiden Jahrhunderte ist ihr sogar eine gesteigerte Bedeutung zugewachsen.

3. Zu dem Problem, das die Philosophie sich selbst ist, gehört auch die Frage danach, wie über das Verhältnis zwischen einem unbeherrschbaren Ganzen, aus dem ihr ihre Probleme aufgehen, und der Tatsache zu denken ist, daß diese Probleme dem bewußten Leben und in einem damit dem Philosophieren aufgegeben sind. Mit der Frage danach wird die Philosophie nicht allein in Beziehung auf ihre Verfahrensart reflexiv, durch die sie sich charakterisiert. Sie bezieht sich selbst in eine Reflexion ein, welche ihren eigenen Hervorgang als besondere Weise der Wahrung und Bewegung von Problemen betrifft. Wieso muß das Unternehmen an den Grenzen des Wissens überhaupt in Gang gesetzt werden? Eine Antwort darauf würde zugleich zu sagen erlauben, was es heißt, in einem Leben begriffen zu sein, das auf Begründungen setzen kann, die ihrerseits im Horizont von Unbegründbarem stehen.

Mit ihrer Antwort auf diese Frage, die gewiß keine Demonstration wird sein können, kommt jede Philosophie zu der ihr überhaupt möglichen Tiefe. Zwar vermeiden es die Philosophen in ihren normalen Debatten und angesichts ihres Anspruches auf Wissenschaftlichkeit zumeist, offen in diese Art der Überlegungen einzutreten. Dazu haben sie gute Gründe. Denn nur, wenn Meisterschaft aufzubieten ist, sind sie dagegen geschützt, dahin zu wirken, die Philosophie als angesiedelt im Bereich des Vagen, Nebulösen und monumental Selbstbezogenen erscheinen zu lassen. In den Philosophien von herausragender Bedeutung wird sich aber immer aufweisen lassen, daß sie untergründig von der Perspektive auf eine solche Antwort bewegt gewesen sind. Für den späten Fichte und für Heidegger ist sie sogar zuletzt die einzige Frage gewesen. Das Spektrum freilich, innerhalb dessen eine Antwort zu positionieren ist, reicht von einem zur Subtilität gesteigerten Naturalismus, der den Menschen als ein zum Denken ohne Grund und Ziel verurteiltes Lebewesen versteht, bis hin zu der Denkweise, die den Menschen und das ihm eigene Philosophieren aus seiner Entsprechung zum eröffnenden Grund von allem, was ist, und von allem bewußten Leben begreift. Ein Denken, das sich nicht dem Problem der Entscheidung zwischen solchen Alternativen im vollen Bewußtsein von deren Tragweite stellt, kann Philosophie heißen nur im Sinne der inzwischen etablierten akademischen Profession, nicht aber im Sinne der mit diesem Namen verbundenen kulturbildenden Motivation und Menschheitsbemühung.

Dieser Essay ist kurz vor der Drucklegung dieses Bandes und fern von allen Quellen geschrieben worden, die in ihm hätten zitiert werden können.

Georg Meggle
Meine philosophischen Probleme und ich

102 Im China der Han-Zeit soll es in der von den höheren Beamten verwendeten Variante des Mandarin keine Personalpronomina der ersten Person gegeben haben. »Ich werde sehen, was sich machen läßt«, das zu sagen war damals einem Beamten nicht möglich, jedenfalls nicht im Dienst. »Das Hohe Haus wird seine Entscheidung zu treffen wissen«, das ging. Persönliche Wert- und Einschätzungen sollten keine Rolle spielen; das Ich hatte hinter den Möglichkeiten bzw. Notwendigkeiten des Amtes zu verschwinden.

Gute Philosophen verhalten sich *als* Philosophen genauso. Ihr »Ich« kommt in ihren philosophischen Sätzen nicht vor. In guter Philosophie geht es allein um die Sache; und die hat nichts mit persönlichen Vorlieben und Stellungnahmen zu tun. Guter Philosophie geht es um Erkenntnis und wohlbegründetes Urteil, nicht um bloßes Meinen.

So hatte ich es in meinem Studium gelernt. Genauer gesagt: Das war in etwa das Milieu, in dem ich Analytisches Philosophieren beigebracht bekommen hatte. Und obgleich ich mit diesem Milieu schon von Anfang an gewisse Schwierigkeiten hatte (»Dafür ist diese Abteilung nicht zuständig« – das hörte ich einfach zu oft), halte ich diese unpersönliche Philosophie-Auffassung unter dem Strich auch heute noch für die beste. Trotzdem rede ich jetzt anders. Ich werde etwas persönlich, beziehungsweise, ich bleibe es.

Warum dieser ›Bruch‹? Erstens, weil ich, eingeladen, zu dem Band *Was ist ein ›philosophisches‹ Problem?* etwas beizutragen, leider viel zu rasch ohnehin schon mit einem »Ich werde sehen, was sich machen läßt« geantwortet hatte. Weil, zweitens, eine knappe unpersönliche Antwort sogar die Abteilung Philosophiephilosophie schlicht überfordern würde. Weil, drittens, dieser ›Bruch‹ vielleicht gar keiner ist. Was ich an dem unpersönlichen Philosophie-Konzept am meisten schätze, ist, daß ich ihm zufolge eben nicht immer im Dienst bin. Apropos: Bin ich es jetzt? Und weil, viertens und ehrlich gesagt, die Frage danach, was philosophische Probleme zu philosophischen macht, mich kaum noch interessiert. Während des Studiums spielte ich dieses Fragespiel gerne mit; aber je ernster ich meine Arbeit nahm, desto wichtiger wurden für mich andere Fragen.

Zum Beispiel die, zur Lösung welcher Probleme ich selber überhaupt etwas beitragen kann. Ist es realistisch, daß sich ausgerechnet durch meinen Beitrag auch nur irgend etwas ändert? (Zum Besseren, versteht sich.) Und, noch wichtiger: Welches Problem liegt mir denn wirklich am Herzen? Und zwar so sehr, daß ich bereit bin, mich von ihm auf Monate, wenn nicht gar auf Jahre hinaus gefangennehmen zu lassen? Und schließlich: Wie kriege ich all das, was mir von dem mir Möglichen derart am Herzen liegt, in endlicher Zeit und im Rahmen des mir darüber hinaus mindestens ebenso Wichtigen am besten auf die Reihe?

Man beachte: Die Probleme, für die diese Kompetenz- & Optimierungs- & Motivations- & Umsetzungs-Prüfung gedacht ist, sollen ›meiner Philosophie‹ nach ausdrücklich nicht auf die Probleme begrenzt sein, die, mitunter schon seit mehr als zweitausend Jahren, als typisch philosophische gelten. Verstößt die Präimplantationsdiagnostik gegen die Menschenwürde? Können intelligente Maschinen wirklich denken? Dürfen wir Entscheidungen über Leben und Tod an sie delegieren? War der NATO-Krieg gegen Serbien o.k.? Diese Probleme sind (mir) nicht weniger wichtig als die nach der Gültigkeit diverser ontologischer Gottesbeweise. *Ich* meine: Derzeit sind das sogar die klärungsbedürftigeren Probleme – und zwar auch philosophisch. Daß das nicht alle so sehen, kann ich mir denken.

Ich habe zugesagt, hier von *meinen* Problemen zu reden. Von meinen philosophischen Problemen im weiteren Sinne. Kurz, von den Problemen, die ich wohl nicht beziehungsweise eben *so* nicht gehabt hätte, wenn ich nicht darauf gesetzt hätte, als Philosoph meine Brötchen zu verdienen. Was waren das für Probleme? Wie kam es zu ihnen? Wie habe ich mich jeweils entschieden – und warum so und nicht anders? Und wie sieht meine Zwischenbilanz aus?

Klar, daß in dieser Skizze nur für die berühmte Spitze des Eisbergs Platz ist. In Wirklichkeit war also fast alles anders. Schon die Behauptung eines Übergangs von »Was ist ein philosophisches Problem?«, *der* klassischen Philosophie-Anfängerfrage, zu den für den Profi charakteristischen Kompetenz-, Optimierungs-, Wichtigkeits- und Realisierbarkeits-Testfragen, entspricht, genauer betrachtet, nicht der Wahrheit. Der Vierstufen-Test ist, offen gesagt, nur eine Fiktion. Es ist einfach so, daß ich es inzwischen gern *hätte*, wenn sich mein Philosophieren mehr nach diesem Ideal richten würde; aber immer noch bin ich von ihm meilenweit entfernt. Das Ideal ist allzu klar, allzu rationalitätsimprägniert, allzu endgültig, um all meinen Unklarheiten, Irrationalismen und Unfertigkeiten Rechnung zu tragen. Trotzdem: Durch diese Wunschvorstellungs-Brille hindurch beurteile ich mein bisheriges Leben als Philosoph – und sehe von daher klarer, an welchen Stellen ich wohl auch noch ganz andere Probleme hatte. (Ich kenne im übrigen nur wenige Profis, nämlich genau drei, die dieser Vorstellung wirklich entsprechen. Aber vielleicht kenne ich diese eben nur nicht gut genug.)

Die Klärung der *Grundbegriffe der Kommunikation* und die Entwicklung einer *Handlungstheoretischen Semantik* – das sind die beiden Themen, mit denen ich mich (auch über die gleichnamige Dissertation bzw. Habilitationsschrift hinaus) bis heute am intensivsten und längsten beschäftigt habe. Was retrospektiv als Leistung erscheinen mag, die sich einem konsequent durchgezogenen Programm verdankt, läßt sich mit gleichem Recht als Resultat einer Reihe von biographischen Zufälligkeiten, Zwängen und glücklichen Umständen darstellen. Schon mit der Testfrage nach meiner Kompetenz muß ich damals recht fahrlässig umgegangen sein. Zum Glück; sonst hätte ich diese weite Reise wohl gar nicht angetreten.

Mein damaliger Problem-Hintergrund war dieser: Ich war auf Wittgenstein abgefahren, den späten – und zwar total. Das lähmte mein Denken nahezu völlig. Man brauchte irgendein philosophisches Problem nur anzutippen – und schon hatte ich die passenden Passagen aus den »Untersuchungen« parat. Mehr war leider nicht drin, nur Wittgenstein-Paraphrasen. So kam meine Magisterarbeit über die ›Bedeutung = Gebrauch‹-Gleichung zustande, das Zentrum von Wittgensteins Spätphilosophie. Gebrauch hieß dabei: regelgeleiteter Gebrauch. Was das ist, das hatte uns mein erster Lehrer so gut erklärt, daß es da, wie ich meinte, einfach nichts weiter zu erklären gab. Meine erste Qualifikationsarbeit trotzdem diesem Thema zu widmen – was für eine Dummheit. Erfolgserlebnisse waren so gar nicht drin; meinem Lehrer würde ich, dessen war ich mir sicher, nie das Wasser reichen können. Eigentlich hätte ich mich ziemlich elend fühlen müssen. Äußere Erfolge (früher Studienabschluß, Stipendien, Oxfordstudium, so gut wie keine Kontaktprobleme) kompensierten wohl einiges.

Ortswechsel. Eine Assistentenstelle. Am dortigen Lehrstuhl eine ganz andere Welt, analytischer Paradigmenwechsel: von der ordinary language philosophy zu formalen Systemen. Alles Bisherige schien von heute auf morgen wertlos. Philosophische Probleme? Ich hatte wirklich größere Sorgen. Die Zeit war knapp: Mein Chef, dem meine Mängel nicht verborgen blieben, gab mir ein Jahr zur Probe. Ich hatte Glück. 1. Der andere Assistent am Lehrstuhl wurde mein bester Freund. Er brachte mir das Nötige bei. 2. Ich stolperte über den zehnseitigen Aufsatz *Meaning* von H. P. Grice. Auch dort wurde die ›Bedeutung = Gebrauch‹-These vertreten; aber anders als bei Wittgenstein: statt Regeln Ziele und Zwecke. 3. Und dieser Ansatz war mit der epistemischen Logik, über die mein neuer Freund und Kollege gerade habilitierte, präzisierbar. Was für eine Chance! Ich hatte mein Thema wieder, war den Wittgenstein-Zwang los und wußte, was ich wollte: die instrumentalistische Alternative. Ich startete durch.

Soviel zu den Problemen, durch die ich hindurchmußte, ehe ich loslegen konnte. Es sind Probleme der Art, die Philosophen vermutlich am meisten zu schaffen machen. Sie kommen einer Gehirnwäsche gleich. Ich wünsche die damit einhergehenden Verletzungen (des Selbst und die anderer) niemandem. Aber vielleicht sind sie in unserer Branche manchmal ganz unvermeidbar.

Nun ein Blick auf eher arbeitsinterne Probleme. Bei meinem

›Durchstarten‹ verschätzte ich mich, was die Zeitvorstellungen
betraf, völlig. In meiner Dissertation wollte ich außer der Grice-
schen Semantik auch die dieser vorgeschaltete Allgemeine Kommunikationstheorie (bzw. die sogenannte Theorie der Sprecher-
Bedeutung) und auch gleich die Theorie der Implikaturen (der
Kommunikation zwischen den Zeilen) rekonstruieren. Für die
Kommunikationstheorie brauchte ich volle fünf Jahre; für die
handlungstheoretische Semantik in etwa die Hälfte. Die Implika-
turentheorie ist immer noch unerledigt.

Warum hatte ich mit den Kommunikations-Grundbegriffen
(Dissertation) so viel mehr Probleme als mit der Semantik (Habilitationsschrift)? Nun, bei der letzteren hatte ich die nötigen For-
malia schon drauf; bei der Diss fing ich mit diesen erst an. Zur Semantik gab es zudem schon Vorarbeiten von hohem theoretischen
Niveau (z. B. die Konventionentheorie von D. Lewis); zur Kommunikationstheorie nichts dergleichen. Und die Kommunikationstheorie erforderte außer Logik auch noch eine große Portion
an Phantasie. (Daher machte mir diese Arbeit außer viel mehr
Mühe gelegentlich auch viel mehr Spaß.) Die zentrale Frage in der
damaligen Debatte war: Wie offen müssen die mit einem Tun ver-
knüpften Absichten sein, damit es nicht nur ein Jemanden-etwas-
glauben-machen-Wollen ist, sondern ein echtes Zu-verstehen-ge-
ben-Wollen (ein echter Kommunikationsversuch eben)? Immer
komplexere Gegenbeispiele hatten die Postulierung immer kom-
plexerer Kommunikationsabsichten notwendig gemacht. Wer
schafft es, diese Komplexität um eine weitere Stufe nach oben zu
schrauben? Das war in jenen Kreisen damals *die* Denksportaufga-
be. Bei Stufe 4 brach dieser Wettbewerb ab, vielleicht auch bei 5,
sicher aber bei 5 ½.

Das war gut so. Die ganze Debatte hatte drei Mankos: Die

Sportsfreunde machten sich nicht die Mühe, ihre angeblichen Gegenbeispiele wirklich plausibel zu machen. Kurz: Sie postulierten Gegenbeispiele, wiesen diese aber nicht wirklich nach. Dazu wäre die Schilderung von Welten nötig gewesen, in denen höherstufige Täuschungsabsichten zu Hause sind: die der Kriminellen, Spione, Geschäftsleute etc. Zudem hatten sie es versäumt, ihre Intuition vor dem Einstieg in unklare Fälle erst mal an klaren zu schärfen. Kein Wunder daher, daß sie dann angesichts ihrer eigenen überkomplexen Erfindungen von ihren Intuitionen im Stich gelassen wurden. Und: Sie arbeiteten ohne logisches Netz – und merkten es so nicht einmal, wenn ihr ›System‹ schon längst abgestürzt war. Diese Debatte ist ein exzellentes Beispiel für letztlich *witzlose Spitzfindigkeit* – also auch dafür, wie gutes Philosophieren gerade *nicht* laufen sollte. Das liegt nicht an der Problemstellung selbst (die war o. k.), sondern einfach daran, daß unser normaler Umgangssprachenverstand für solche Probleme zu schwach ist.

Was zu tun war, war klar: Ich schrieb Drehbuchskizzen für Krimis, strickte das nötige Logiknetz und stellte jenes Prinzip in den Mittelpunkt, das zwar von fast allen Mitdiskutanten erwähnt, vor mir aber nie ernsthaft benutzt worden war. Das von mir so genannte Reflexivitäts-Prinzip: Kommunikation zielt auf ein Verstandenwerden ab. (Woraus so etwas folgt wie: Etwas hat die *K-Eigenschaft* nur dann, wenn es als ein Etwas mit dieser *K-Eigenschaft* verstanden werden soll.)

Warum wurde dieses Prinzip, obgleich *der* Kern unseres ganzen intuitiven (inter-personalen) Kommunikations-Verständnisses, schlicht ignoriert? Ganz einfach: Weil die Autoren im logisch-propädeutischen Grundkurs aufgepaßt hatten. Das Prinzip ist eklatant zirkulär. Das ist richtig. Aber wen kümmert's? Offenbar bis dato alle. Mich nicht. Auch ich wußte vom Grundkurs her, daß zirkuläre Definitionen nichts taugen. Aber das ist kein Argument gegen das Reflexivitäts-Prinzip. Denn dieses ist viel mehr als eine definierende Bedingung; es ist *das* Adäquatheits-Kriterium für eine jede Kommunikations-Definition. Kommunikation ist nur dann adäquat erklärt, wenn aus der betreffenden Definition das Reflexivitäts-Prinzip als Theorem folgt. Wie sieht eine solche Definition aus? Dieses Problem galt es noch zu lösen. Das war das eigentliche Thema meiner Dissertation.

Seitdem weiß ich, was rationale Rekonstruktionen sind. Und wie vertrackt und knifflig diese sein können, zumal wenn sie in Form einer systematisch aufgebauten Theorie (nach Carnap- schem Muster) vorgelegt werden sollen. Und das war mein Ziel. Ständig hatte ich mindestens drei Dinge gleichzeitig im Auge zu behalten: Die Explikationen sollten den paradigmatischen Kommunikations-Beispielen möglichst nahekommen; und das Reflexivitäts-Prinzip und weitere formale Forderungen mußten erfüllt sein. Und zugleich sollte die ganze Maschinerie beherrsch- bar, also nicht zu kompliziert werden. Das war nur um den Preis extrem starker Idealisierungen zu bekommen. All diese Faktoren zusammen bewirken: Rationale Rekonstruktionen sind furchtbar labile Gebilde. Den formalen Teil der Grundbegriffe (mitsamt den ganzen Beweisen) habe ich, bis alles ›paßte‹, etwa siebenmal neu geschrieben. Ich war ein Maulwurf, der sich mühsamst aus dem Innern eines riesigen Formelbergs ins Freie wühlt; und kaum kriegte ich Luft, brach der ganze Berg erneut über mir zusammen. Diesen tierischen Sisyphus-Alptraum hatte ich damals oft. Be- greiflich also, daß ich, nachdem der letzte Beweis gecheckt war und alles ›stimmte‹, tagelang Purzelbäume schlug. Frust und Freude kommen wohl auch beim Philosophieren nicht ohne ein- ander aus.

109

Philosophieren in diesem Stil ist vor allem Übungssache. Zu diesen Übungen braucht es einen langen Atem und starke Nerven. Als Rational-Rekonstrukteur kann man es nämlich nie allen recht machen. Für die einen sind die theoretischen Resultate den vortheoretischen Begriffen nicht ähnlich genug; und paßt beides zusammen, so wird die Theorie gleich als trivial kritisiert; anderen macht das verwendete Modell viel zu starke Voraussetzungen; wieder anderen paßt schon die ganze System-Richtung nicht etc. Je länger man selber an und mit Rekonstruktionen gearbeitet hat, desto cooler wird man auf solche Einwände reagieren. Ich weiß, das riecht stark nach Immunisierung.

Die ist ab und zu sogar nötig. Wer Größeres (nicht unbedingt Höheres) im Blick hat, kann sich nicht gleich zu Anfang jedem Detail widmen. Möglichst stark (mit möglichst starken Idealisierungen) anzufangen, ist völlig in Ordnung; abschwächen wird man dann immer noch können. Wie weit man es beim Philosophieren mit der Immunisierung treiben darf, darüber gibt es leider und zum Glück keine generellen Regeln. Der Streit darüber dürfte genauso fruchtlos sein wie der darüber, was ein philosophisches Problem ist. Und vielleicht hängen diese beiden Probleme ja letztlich zusammen.

Auf wieder ganz andere Probleme stieß ich, als ich – und da hatte ich nach zwei Jahren Arbeitslosigkeit mein erstes professorales Lebenslänglich schon in der Tasche – erstmals ein Seminar zur Angewandten Ethik veranstaltete. Thema war die Ethik der nuklearen Abschreckung. Was halfen mir meine ganzen Begriffsklärungskünste? Was die aus diesen Künsten mit wenigen weiteren Kniffen sich ergebende metaethische Diskurs-Kompetenz? Fast gar nichts. Meine Urteilskraft unterschied sich von der an den Stammtischen kaum. Ich war geschockt. Noch mehr, als ich mich umsah und merkte, daß das (damals, 1986) an unseren Universitäten dem philosophischen Standard entsprach. An welchen philosophischen Instituten wurde gute praktische Ethik praktiziert? So gut wie nirgends. Das wollte ich ändern – wozu sich '89 im Zuge meines Rufs an eine andere Universität bald eine gute Chance anzubieten schien. Meine beiden ersten Assistenten und ich traten für die Gründung eines Instituts für Praktische Ethik ein, organisierten Projekte zu dessen Vorbereitung, suchten und gewannen viele internationale Kontakte. Wir waren optimistisch – und blauäugig. Eine Einladung an den falschen Mann – und alles war zu Ende. Was war passiert? In »Wie man in Deutschland mundtot gemacht werden kann« berichtet Peter Singer (in: *Praktische Ethik*, Anhang) näher davon. (Vieles hat sich seitdem in Saarbrücken wie ›im Reich‹ geändert.)

Inzwischen, nach meinem Wechsel nach Leipzig, bin ich wieder optimistischer. Was mit der Einheit von Lehre und Forschung gemeint sein könnte, das durfte ich hier im Kontext der Forschergruppe Kommunikatives Verstehen immerhin für ein paar Jahre erfahren – wenngleich eher indirekt, vermittelt über die Erfahrungen anderer. Als Sprecher der Gruppe blieb mir vor lauter Organisieren kaum Zeit für eigenes Forschen. Aber als soziales Wesen litt ich, solange es die Gruppe gab, darunter nicht zu sehr. Bereicherung erfahre ich zunehmend aus einem mir lange eher verschlossenen Gebiet der Philosophie, der Ästhetik. An unserem Institut gibt es das Projekt Kunst-Kommunikation, dessen primäre Aufgabe die Vermittlung zwischen akademischer Kunst-Theorie einerseits und aktueller Kunst-Praxis (vor Ort) andererseits ist. Philosophen philosophieren jetzt auch in der Galerie für Zeitgenössische Kunst; und Künstler zeigen uns auch im Institut, wie blind wir manchmal doch sind. Im Philosophieren, aber auch sonst.

»Ist dieser Krieg gut?« Im Frühjahr '99, zu Beginn der NATO-Angriffe gegen Serbien/Jugoslawien, stellte sich diese Frage für die meisten Deutschen kaum mehr. Sie galt als entschieden: Die internationale Gemeinschaft darf schwerwiegende Verbrechen gegen die Menschlichkeit nicht dulden. Richtig. Aber deshalb ›Humanitäre Interventions‹-Bomben auf Belgrad? Ich hatte Zweifel – und führte gerade wieder mal ein Ethik-Kolloquium durch. In dem die Teilnehmer mit Recht außer über die Dauerbrenner Abtreibung, Euthanasie usw. auch über diesen ›aktuellen Fall‹ diskutieren wollten. Meine Mitarbeiter, fast das halbe Institut kamen dazu; auch die Mitarbeiter der philosophischen Projekte der Forschergruppe legten die Kommunikativen Verstehens-Probleme für eine Woche beiseite und schlossen sich an. Noch nie hatte es am Institut solche intensiven Debatten untereinander (Studenten inklusive) gegeben; in diese einbezogen war auch eine Gruppe von Kollegen und Studenten aus Belgrad. Bei keinem philosophischen Problem war ich bislang dermaßen innerlich zerrissen und engagiert. Was mich zutiefst irritierte: Wie die meisten meiner ehedem pazifistischen Freunde von einem Tag auf den anderen zu Bellizisten mutierten. Ich etwa auch? Was sind humanitäre Interventionen? Was sind genau die Kriterien, die erfüllt sein müssen, damit sie moralisch gerechtfertigt sind? Sind diese Kriterien im vorliegenden Fall wirklich erfüllt? Je stärker ich mich mit diesen Fragen beschäftigte, desto stärker wurden meine Zweifel. Und meine Klärungsversuche gingen (wie meist) nur mühsam vonstatten. Zunächst wollte ich einfach nur selber wissen, was ich denken sollte. Je stärker aber meine Zweifel wurden, desto stärker wurde der Wunsch, diesen Zweifeln auch andere auszusetzen. Ich hielt den Kriegs-Vortrag dann an mehreren Universitäten. Wenige Tage vor dem Grünen-Parteitag, von dem ich mir eine Grundsatzdebatte zum Thema erhofft hatte, erschien dann in der ZEIT der Beitrag von Habermas. Der war pro. Die Grundsatzdebatte war entschieden. Philosophie ist keineswegs wirkungslos.

Zwei Jahre später. Heute sehen wir einiges klarer. Also: Wie beurteilen wir diesen Krieg jetzt? Welche Schlüsse ziehen wir für die nächsten Interventions-Fälle? Und welche politisch-philosophischen Konsequenzen wären jetzt angezeigt? Dieses Thema läßt mich noch nicht los. Ich breche meinen mir selbst gegebenen Schwur – und lade doch noch einmal eine Reihe von Philosophen und sonstigen Interventions-Experten zu einer Konferenz ein.

Soviel, wie gesagt, zur Spitze des Eisbergs. Ob es auch für einen Philosophen echte Probleme geben kann? Oh ja.

Christoph Menke
Zwischen Literatur und Dialektik*

Seit ihrem Beginn spricht die Philosophie darüber, womit sie beginnt. Die Philosophie beginnt mit der Erklärung ihres Beginns. Dieser Beginn soll das Staunen sein: »gar sehr ist dies der Zustand eines Freundes der Weisheit (philosophos), die Verwunderung (thaumatein); ja es gibt keinen andern Anfang der Philosophie als diesen.« (*Theaitetos*, 155d) Zu staunen reklamiert Platons Sokrates hier als das Privileg der Philosophie. Staunen zu können soll die besondere Kompetenz der Philosophie sein.

Das aber stimmt nicht. Staunen und Verwunderung beginnen nicht mit der Philosophie, es gibt sie schon vor der Philosophie. Indem die Philosophie damit beginnt, das Staunen als ihren Beginn zu reklamieren, beginnt sie mit einer Verfälschung. Genauer: sie beginnt mit einer Entwendung. Die Philosophie beginnt damit, dem Mythos das Staunen zu entwenden. Aus der Sicht der Philosophie selbst heißt das, daß sie mit einer Umdeutung und Neubestimmung des Staunens beginnt. In Aristoteles' Variation von Platons Ursprungserklärung der Philosophie ist das ausdrücklich anerkannt: Das philosophische Staunen erscheint darin als eine späte Gestalt des Staunens. Vor allem aber hat Aristoteles das Besondere dieser philosophischen Weise des Staunens unterstrichen, indem er sie als »Zweifel und Verwunderung (aporon kai thaumaton) über eine Sache« bestimmt und diese Erfahrung als die des Nicht-Kennens einer Sache versteht: »Wer aber in Zweifel und Verwunderung über eine Sache ist, der glaubt sie nicht zu kennen (agnoein).« (*Metaphysik*, 982b) Das Staunen der Philosophie, so reformuliert Aristoteles hier die sokratische Grundthese, ist die Feststellung und das Eingeständnis eines Nichtwissens.

Damit unterscheidet sich das Staunen der Philosophie nach zwei Richtungen: *Daß* sie staunt, unterscheidet die Philosophie von der Haltung hinnehmenden Vollziehens des Gewöhnlichen, von der Haltung der Praxis. *Wie* sie staunt, unterscheidet die Philosophie überdies von der Haltung hinnehmenden Anschauens des Ungewohnten, von dem Staunen des Mythos. In ihrem Staunen steht die Philosophie nicht mehr überwältigt, aber hinnehmend, gar verehrend vor dem Wunderbaren, sondern sie bestimmt diesen Zustand als einen Mangel, als einen Zustand mangelnder Kenntnis und Einsicht. Das Staunen des Philosophen ist sein Sensorium dafür, daß er sich mit einer Sache noch nicht auskennt. Nicht mit dem Staunen, sondern mit *diesem* Staunen beginnt daher die Philosophie. Daß dies der Beginn der Philosophie ist, heißt, daß, was so beginnt, Philosophie ist. Deshalb ist der Philomythos, der »Freund der Sagen«, entgegen Aristoteles' Behauptung, *nicht* »auch in gewisser Weise ein Philosoph« (*Met.*, 982b). Denn zwar besteht auch »die Sage [...] aus Wunderbarem (thaumarion)«, aber die Sage, der Mythos betrachtet dies Wunderbare nicht als eine ›Sache, die sie nicht kennt‹, als einen Mangel des Wissens. Das ist erst die Perspektive der Philosophie. Durch sie setzt sich die Philosophie nicht nur vom Mythos ab, sondern von einem Leben im Wechsel zwischen dem Wunderbaren des Mythos und dem Gewohnten der Praxis.

Mit dieser Absetzung erfindet die Philosophie das ›Problem‹. Das Problem ist der Anfang der Philosophie. Die Philosophie beginnt, wo man mit einem Problem (zu beginnen) beginnt. ›Problem‹ ist der Name für das Verwunderliche und Erstaunliche der Philosophie: »Dans le mythe, *thauma* c'est ›le merveilleux‹; l'effet de stupeur qu'il provoque est le signe de la présence en lui du surnaturel. Pour les Milésiens l'étrangeté d'un phénomène, au lieu d'imposer le sentiment du divin, le propose à l'esprit en forme de problème. L'insolite ne fascine plus, il mobilise l'intelligence. De vénération muette, l'étonnement s'est fait interrogation, questionnement.«[1] Als gerichtet auf ein Problem ist das Staunen Befragung und Untersuchung. Damit erst gewinnt die Rede vom Staunen als *Anfang* der Philosophie ihren genauen Sinn: Das philosophische Staunen als Entdeckung eines Problems ist nicht mehr der erfüllte Augenblick der vernehmenden Aufnahme von etwas Übernatürlichem, Göttlichem. Es ist der Anfang eines Prozesses, der Zeit braucht, eines Prozesses der Untersuchung. Mit der Festlegung des Anfangs der Philosophie im Staunen über ein Problem gewinnt die Philosophie daher eine zeitlich-prozessuale Erstreckung; was einen Anfang hat, braucht Zeit. Diese Zeit, die eine mit Problemen anfangende Philosophie braucht, ist die der Suche und Untersuchung: »Wahrlich nicht von Anfang an haben die Götter den Sterblichen alles enthüllt, sondern allmählich finden sie suchend das Bessere.«[2] Im mythischen Staunen sind Frage und Antwort eins: Das Staunen vor dem Wunderbaren *ist* das Anschauen oder Gewißsein einer göttlichen Präsenz und Ordnung. Der Philosophie dagegen fällt beides auseinander: Staunen heißt nicht Anschauen und daher Gewißheit, sondern Nichtwissen und deshalb Suchen. Wenn der Anfang im Staunen als Nichtkennen (agnoein) besteht, dann kann Gewißheit erst am Ende liegen. Sie ist das Ergebnis einer Untersuchung. Gewißheit ist nur untersuchte und begriffene Gewißheit. Daher ist das Staunen der Philosophie immer auch Staunen über ein Staunen, das mit Gewißsein zusammenfällt. Daß die Philosophie mit der Stellung von ›Problemen‹ beginnt, heißt, daß sie damit beginnt, daß diese Form untersuchungs- und begriffsloser Gewißheit ihr zum Problem wird, daß sie sie ›problematisiert‹. Die Philosophie entfaltet sich im Rhythmus von Problem, Untersuchung und Begreifen, der die mythische Einheit von Wunderbarem und Gewissem erst in Bewegung und dann zum Einsturz bringt.

Daß die Philosophie mit *ihrem* Staunen, dem Staunen über ein Problem des Wissens beginnt, heißt geschichtlich, daß sie mit dem Staunen über die Dichtkunst beginnt. Das ist der Zusammenhang, in dem die philosophische Insistenz auf der Notwendigkeit von Suche und Untersuchung zu sehen ist. Die Dichtung, gegen die die Philosophie sich dabei richtet, ist eine Dichtung, die, wie die Epik Homers, ein kulturelles »Wissensmonopol« (Heinz Schlaffer) reklamiert und die zentrale Stelle in Lehre und Erziehung besetzt.[3] Damit ist die Dichtkunst für die Philosophie das Paradigma eines Scheinwissens, das ohne Untersuchung, mit dem bloßen Anstaunen und Anschauen des Unbegriffenen auskommen will. Der Beginn der Philosophie mit dem Staunen – dem Staunen über die alte, mythische Weise des Staunens und ihre Form der Gewißheit – ist deshalb zugleich der Moment der Krise, das entscheidende Ereignis in dem »alten Streit zwischen Philosophie und Dichtkunst«, von dem Platon in der *Politeia* (607b) spricht. Dieser Streit ist der Philosophie daher nicht äußerlich: In diesem Streit, indem sie diesen Streit mit der Dichtkunst beginnt, beginnt auch die Philosophie selbst. Äußerlich ist ihr Streit mit der Philosophie aber auch der Dichtkunst nicht: Sie kann nur bestehen, indem sie diesem Streit nicht ausweicht, sondern ihn aufnimmt. So wie die Philosophie sich dadurch als Kunst der Problematisierung und Untersuchung behauptet, daß sie die Weisheit der Dichtung problematisiert und durch philosophische Untersuchungen ersetzt, so behauptet sich die Dichtung nur, indem sie ihrerseits die Philosophie problematisiert und untersucht. Die Dichtung wird zu dem Ort und Medium, an und in dem das Problem der Philosophie, das Problem des philosophischen Problems, der philosophischen Feststellung und Untersuchung von Problemen erkennbar wird. Dazu kann die Dichtung aber nur werden, wenn sie sich grundlegend verändert und ihrerseits mit der mythischen Ordnung unbegriffener Gewißheit bricht. Für diese Veränderung steht exemplarisch der Wandel vom Epos zum Drama. Die Dichtkunst schlägt gegen die Philosophie zurück, indem sie den Philosophen zur dramatischen Figur macht.

Das macht die Dichtung von Anfang an auf zweierlei Weise: Sie porträtiert den Philosophen als eine ebenso gefährliche wie lächerliche Figur. Für beides, den Vorwurf der Gefährlich- und den der Lächerlichkeit der Philosophie, gibt die Dichtung viele Gründe, gute und schlechte. Ihr Verfahren ist jedoch stets das gleiche: Sie betrachtet die Philosophie nicht nach ihrem Selbstverständnis, sondern in ihren Auswirkungen. Das heißt, sie betrachtet die Philosophie im Kontext einer Gesellschaft und einer Kultur, für die sie Konsequenzen hat: Die Dichtkunst betrachtet die Philosophie als eine soziale und kulturelle Haltung. Das philosophische Staunen, so hatten wir gesehen, läßt sich so verstehen, daß es sich gegen eine Erfahrung unbegreiflicher Gewißheit richtet, wie sie das mythische Staunen ausmacht. Aus der Sicht der Philosophie partizipiert an dieser mythischen Ordnung der Gewißheit auch noch eine Dichtkunst, die sich unter Berufung auf göttliche Eingabe zur zentralen Instanz von Lehre und Weisheit erklärt. Von diesem Anspruch trennt sich die Dichtung jedoch, indem sie nun ihrerseits nach den Konsequenzen zu fragen beginnt, die die neue Haltung philosophischer Problematisierung unbegreiflicher Gewißheit für die soziale und kulturelle Praxis hat. Es ist die Dichtung, die der Philosophie zuerst die Frage der Praxis stellt; die zuerst in den Blick nimmt, daß mit der unbegreiflichen Gewißheit mythischen Staunens in eins auch die Gewißheiten praktischer Vollzüge in Frage gestellt sind. So wie die Philosophie mit der neuen Weise des Staunens als ›Problematisierung‹ begann (und immer wieder erneut beginnt), so überlebt die Dichtkunst (und etabliert sich dadurch erst als ›Literatur‹), daß sie zu einem Medium der Reflexion über die Philosophie wird. Die Dichtkunst wird zur Literatur, indem sie über das philosophische Staunen staunt.[4]

Unter dem, worüber sie dabei staunt, möchte ich hier nur einen Punkt hervorheben, der für das Selbstverständnis der Philosophie entscheidende Bedeutung gewonnen hat. Er läßt sich ebenso einer Tragödie wie einer Komödie entnehmen; er läßt also den Philosophen ebenso als gefährlich wie lächerlich erscheinen. Eine Tragödie, die die philosophische Haltung der Problematisierung und Untersuchung in ihren gefährlichen Folgen betrachtet, ist nach Jean-Joseph Goux' eindringlicher Deutung die des Ödipus.[5] Goux' Grund dafür, Ödipus als Philosophen zu bezeichnen und daraus sein tragisches Schicksal zu erklären, ist, daß er an zumindest zwei zentralen Stellen statt die vorgesehenen Handlungen eines tradierten politischen Ritus zu vollziehen, ein Problem des Wissens, das heißt, das Problem seines Nicht-Wissens stellt und eine Untersuchung beginnt: angesichts des ›Rätsels‹ der Sphinx, dessen Lösung ihn zum Tyrannen von Theben macht, und angesichts des delphischen Orakelspruchs, der die Sühnung des Mordes an Laios fordert. Beides sind Situationen einer tiefen Krise der Stadt, und in beiden Situationen deutet Ödipus diese Krise so, daß sie in einem Mangel an Wissen ihren Grund hat; das heißt, er deutet sie als ein ›Problem‹, das ›Untersuchungen‹ verlangt. Das Problematische dieser Deutung einer praktischen Krise als Wissensproblem treibt Aristophanes im Streit des von Sokrates in der Kunst der Rede ausgebildeten Strepsiades mit seinem Gläubiger Amynias in *Die Wolken* (1280 ff.) auf die komische Spitze.[6] Strepsiades, aufgefordert, endlich seine Schulden zu begleichen, antwortet mit einer Frage nach der Natur des Regens: »Was meinst du: schickt uns Zeus wohl jedesmal, / Wenn's regnet frisches Wasser, oder zieht / Das gleiche Wasser immer rauf die Sonne?« Als Amynias daraufhin bekennt: »Das weiß ich nicht, das ist mir einerlei«, antwortet Strepsiades: »Du glaubst, Du hast das Recht, mir Geld zu fordern, / Und weißt kein Wort von überird'schen Dingen?« Der Philosoph ist einer, der nach Wissen sucht, der Probleme unzureichenden, mangelhaften Wissens behauptet, statt den Erfordernissen der Praxis zu genügen.

Erscheint das in der Komödie als schlau oder lächerlich, so zeigt es die Ödipus-Tragödie als gefährlich. Denn in beiden Situationen, in denen Ödipus auf die Krise der Stadt mit Untersuchungen antwortet, *ersetzt* diese Suche nach Wissen ein wohlbekanntes und verfügbares rituelles Handlungsmuster: das der Initiation des Herrschers im Fall des Spruchs der Sphinx, das der Reinigung der Stadt im Fall des Spruchs des Orakels (zu dem der Chor und vor allem Teiresias nachdrücklich raten). Philosoph ist Ödipus demnach darin, daß er an die Stelle ritueller Aufführungen, in denen Handlungszusammenhänge symbolisch vor- und durchgespielt werden, eine Untersuchung setzt, die den Wahrheitsgehalt von

Behauptungen prüft. Und *das* tut er, weil er ein (philosophisches) Problem entdeckt hatte: ein Problem unzureichenden oder unzuverlässigen Wissens. Ödipus ist also Philosoph, weil er dort, wo der traditionelle politische Ritus eine krisenhafte Unterbrechung von Handlungsabläufen sah, die es symbolisch zu restituieren galt, eine »Sache« sieht, die er »nicht kennt« und die es zu untersuchen gilt. Die Komödie zeigt das als eines der »Bubenstückchen«, durch die das philosophische Training säumigen Schuldnern dazu verhilft, ihre Schulden nicht zu bezahlen. Die Tragödie bilanziert das als einen ›Fehler‹ mit zerstörerischen Folgen: Die wahren Behauptungen, die Ödipus als Lösungen für seine Probleme findet, können die Ordnungen des Handelns, die der Ritus symbolisch vorführt und bekräftigt, nicht ersetzen.

121

Mit diesem Zurückschlagen der Dichtung gegen die philosophischen Angriffe ist der Streit zwischen Philosophie und Dichtung nicht zu Ende. Dieser Streit ist nicht nur alt, sondern er geht auch immer weiter (oder er ist deshalb so alt, *weil* er immer weitergeht). Ja, die Philosophie wird durch den Gegenangriff der Dichtung nicht weniger nachhaltig geprägt, das heißt, *um*geprägt, als die Literatur durch den Angriff der Philosophie beeindruckt und verändert wurde.[7] Seit dem Beginn ihres Streits mit der Philosophie steht die Dichtung vor der Frage, was sie ist, wenn sie unter den Schlägen der Philosophie ihren alten Anspruch auf göttlich verbürgte und praktisch orientierende Weisheit preisgeben muß. Dieser Frage ausgesetzt zu sein bestimmt die Literatur, und zwar nicht *ein*mal in ihrer Geschichte, sondern immer wieder. Der Literatur, dem, was sie ist und sein kann, ist ihre Infragestellung durch die Philosophie wesentlich. Das gleiche gilt umgekehrt für die Philosophie: Die Angriffe der Literatur sind ihr nicht äußerlich und gleichgültig, sondern fordern sie heraus. Von den Angriffen der Literatur geht für die Philosophie eine tiefgreifende Beunruhigung aus. Sie mischt dem stolzen Selbstbewußtsein ihrer neuen Art des Staunens – eines Staunens, das sie selbst durch Untersuchungen zu beenden weiß – ein Gefühl ganz anderer Art bei, das sie, ihr Selbstverständnis wie ihre Gestalt, nicht weniger nachhaltig bestimmt: ein Gefühl der Angst. Die Philosophie lebt in der Angst vor der Literatur – in der Angst davor, als gefährlich verdächtigt oder, vielleicht schlimmer noch, der Lächerlichkeit preisgegeben zu werden.

122   Diese Angst ist nicht mythische, nicht existentielle und nicht metaphysische, sondern soziale Angst. Es ist die Angst der Philosophie davor, wie die anderen sie sehen und auf sie reagieren. Denn gefährlich oder lächerlich ist die Philosophie für die anderen, für das Zusammenleben des Philosophen mit anderen. Indem die Philosophie *davor* Angst bekommt, hat sie daher zugleich ein neues Selbstverständnis, einen neuen Blick auf sich selbst gewonnen. In ihrer Angst vor der Literatur erfährt sich die Philosophie als ein soziales Phänomen. Das gilt in einem doppelten Sinn: Die Philosophie erfährt durch die Angriffe der Literatur, daß ihr Problematisieren und Untersuchen für andere *nicht folgenlos* ist. Sie erfährt ihr Staunen als eine Haltung, die Auswirkungen auf andere, auf die sozialen und kulturellen Praktiken hat. Vor allem aber erfährt die Philosophie in ihrer Angst vor den Angriffen der Literatur, daß diese Folgen ihrer Haltung des Problematisierens und Untersuchens ihr selbst *nicht gleichgültig* sind. Eine Philosophie, die Angst vor ihrer Lächerlichkeit oder Gefährlichkeit hat, ist eine Philosophie, die, indem sie sich um sich sorgt, sich zugleich um die sozialen und kulturellen Praktiken sorgt, für die Folgen zu haben sie erfahren hat.

Damit stellt sich die Frage, was die Sorge der Philosophie um sich bewirkt, wie sie die Gestalt und Lage der Philosophie verändern kann. Kann eine Philosophie, die ihr Staunen, ihr Problemstellen und -untersuchen nicht mehr einfachhin und naiv, sondern in Angst vor und damit im Bewußtsein von ihren Folgen betreibt, die Angriffe der Literatur erfolgreich parieren? Kann also die Philosophie in einer Weise vollzogen werden, die sie davor bewahrt, gefährlich oder lächerlich zu werden? Vermag die Philosophie eine Gestalt anzunehmen, die sie selbst gegen ihre Lächerlichkeit und die anderen gegen ihre Gefährlichkeit *sichert*?[8]

Die Hoffnung der Philosophie, daß dies möglich, daß ein **123** Selbstverständnis gewinnbar und ein Vorgehen durchführbar sei, die sie der Lächerlichkeit entreißt, aber nicht gefährlich macht, die sie ungefährlich, aber nicht lächerlich macht, diese Hoffnung der Philosophie läßt sich als die Hoffnung der ›Dialektik‹ bezeichnen. Dialektik ist der Traum der Philosophie, die Angriffe der Literatur abweisen und der Angst entkommen zu können. Die Philosophie beginnt sich als dialektisch zu verstehen und zu vollziehen, um nicht mehr gefährlich oder lächerlich zu wirken. ›Dialektisch‹ nenne ich mithin ein Verständnis und eine Vollzugsweise der Philosophie, die aus zwei Schritten bestehen: Zu einem dialektischen Verständnis der Philosophie gehört erstens, daß sie um ihre sozialen Folgen, um die Folgen ihres Problemstellens und -untersuchens für die soziale Praxis, weiß. Zu einer dialektischen Vollzugsweise der Philosophie gehört zweitens, daß sie im Wissen um diese Folgen ihr Problemstellen und -untersuchen so zu verändern vermag, daß es mit der sozialen Praxis in einem nicht mehr gefährlichen oder lächerlichen, sondern sinnvollen und produktiven Zusammenhang steht. Die Frage, ob die Philosophie sich gegen die Literatur und damit gegen ihre Lächerlichkeit und Gefährlichkeit zu sichern vermag, kann deshalb in die Frage überführt werden, ob die Philosophie dialektisch zu werden vermag.

Gefährlich wie lächerlich erscheint die Philosophie durch ihr Problemstellen: dadurch, daß sie in der Praxis – als Erfüllen von Verpflichtungen oder Aufführen von Riten – eine Sache sieht, die sie nicht (oder noch nicht ausreichend) kennt. Diesen Einwand gegen die Philosophie versucht die Dialektik zurückzuweisen, indem sie ein neues Bewußtsein und eine neue Weise des philosophischen Problemstellens entwickelt. Die Dialektik ist eine Theorie und Praxis der philosophischen Problemstellung, die die Philosophie gegen den Vorwurf einer Zer- oder Ersetzung sozialer Praktiken verteidigen soll. Dieser Versuch aber kann vollständig nicht gelingen.

Der Vorwurf der Literatur besagt, die Philosophie betreibe eine in ihren Konsequenzen gefährliche Infragestellung sozialer Praktiken. Um diesen Vorwurf zurückweisen zu können, muß die Philosophie ein Bewußtsein ihrer Problemstellungen entwickeln – ein Bewußtsein dessen, woher ihre Probleme kommen und worin sie bestehen. Das ist die Leistung der philosophischen Dialektik[9]: Die Philosophie wird dialektisch, wenn sie nicht mehr einfach nur Probleme zu ›haben‹ oder zu finden glaubt und diese untersucht, sondern wenn sie sich die Frage nach der Herkunft und der Gestalt ihrer Probleme stellt. Eine dialektische Philosophie ist dadurch bestimmt, daß sie ihre Probleme und ihr Problemstellen problematisiert – daß sie sich das Problem des (philosophischen) Problems stellt.

Und daß sie eine Lösung für dieses Problem vorschlägt. Diese Lösung faßt der Begriff des *dialektischen Problems*. »Ein dialektisches Problem (Vorwurf) ist ein Theorem (Forschungsgegenstand), [...] über das die Menge und die Weisen entweder keine bestimmte Meinung haben, oder jene entgegengesetzt denkt wie diese, oder diese wie jene, oder beide unter sich selbst.«[10] Dialektische Probleme sind nicht einfach nur ›Sachen, die man nicht kennt‹ und an deren Untersuchung man sich macht. Dialektische Probleme sind Unbestimmtheiten oder Gegensätzlichkeiten unserer Überzeugungen. Das versteht die dialektische Problemkonzeption so, daß ihre Probleme keine Erfindungen oder Setzungen der Philosophie sind, sondern ihr vorweg bestehen. Die Probleme, die die Philosophie untersucht, sind demnach Probleme, in die wir uns, das heißt: unsere Überzeugungen sich selbst verstrickt haben. Daher ist die Philosophie keine gewaltsame Infragestellung und Unterbrechung einer funktionierenden Praxis von außen (wie die Literatur ihr vorwirft). Die philosophischen Untersuchungen setzen vielmehr dort an, wo die bestehenden Praktiken, weil die sie tragenden Überzeugungen selbst schon in Probleme, in irritierende Unbestimmtheiten oder Gegensätzlichkeiten geraten sind. Nach dem dialektischen Verständnis philosophischer Probleme ist jede philosophische Untersuchung unhintergehbar bezogen auf etwas ihr Vorausgehendes, das sie motiviert und legitimiert. In diesem Sinn sind das Philosophieverständnis des frühen Hegel und von Deweys Pragmatismus Paradigmen dialektischer Konzeptionen. Sie führen die philosophische Untersuchung auf etwas Vorphilosophisches zurück, auf eine Erfahrung der »Entzweiung« (Hegel) oder des »Konfliktes« (Dewey), aus denen das »Bedürfnis« nach Philosophie als dem Mittel ihrer Lösung entsteht.[11] Durch ihre Probleme ist die Philosophie damit an unsere Praktiken, Erfahrungen und Überzeugungen zurückgebunden. Der Philosophie sind ihre Probleme (vor-) *gegeben*; sie wurzeln in den Krisen unserer Praktiken, Erfahrungen, Überzeugungen.

Grundlegend für das dialektische Problem ist mithin sein Ort: Es liegt *vor* dem Einsatz der philosophischen Untersuchung, in unseren Praktiken selbst. Dieser beruhigenden Annahme widerspricht aber die inhaltliche Bestimmung des dialektischen Problems. So nennt Aristoteles für den Gegensatz, in dem ein dialektisches Problem besteht, an erster Stelle den Gegensatz zwischen der »Menge« und den »Weisen«, im weiteren dann auch die »paradoxe Meinung eines angesehenen Philosophen, z. B. daß es keinen Widerspruch geben kann, wie Antisthenes behauptete, oder daß, wie Heraklit will, alles sich bewegt, oder daß das Seiende eins ist, wie Melissus sagt«. (ebd.) Ein Beispiel für ein dialektisches Problem ist dies, weil hier ein Gegensatz zwischen einer philosophischen Überzeugung und den natürlicherweise mit unseren Praktiken verbundenen Ansichten auftritt, in denen wir immer wieder die Erfahrung machen, daß es sehr wohl Widersprüche gibt, daß etwas sich nicht bewegt, daß das Seiende aus Vielem und Verschiedenem besteht, usw. Das zeigt, daß ein philosophisches Problem nicht nur ein Problem ist, das sich der Philosophie stellt. Es ist auch ein Problem, das die Philosophie stellt, an dem die Philosophie also selbst schon beteiligt ist. Ein philosophisches Problem ist ein Problem für die Philosophie, und es ist ein Problem einer Philosophie: das Problem, daß eine bestimmte philosophische ›These‹ angesichts unserer Praxis und unserer Überzeugungen als ›paradox‹ erscheint. Das dialektische Problemkonzept will die Philosophie in einer Krise der Praxis und Überzeugungen festmachen, die der Philosophie vorausgeht und ihren Einsatz wie ihre Richtung bestimmt. Entgegen dieser funktionalen Verortung des Problems vor der Philosophie ist die Philosophie aber selbst schon Teil des Problems, das sie auf den Weg bringt. Damit die »Entzweiungen« und »Kämpfe« der Praxis das »Bedürfnis« nach

Philosophie hervorbringen können, wie die dialektischen Theoretiker behaupten, müssen es Entzweiungen und Kämpfe sein, an denen die Philosophie selbst schon beteiligt ist.

Warum das so ist, kann man sich so klarmachen: Das dialektische Problemkonzept will die Philosophie an etwas festmachen – die Unbestimmtheit und Gegensätzlichkeit unserer Überzeugungen –, das ihr vorausgeht, das ihre Dringlichkeit und Notwendigkeit sichert. Einen solchen sicheren Grund der Philosophie gibt es aber nicht. In jeder Feststellung eines Problems für die Philosophie liegt vielmehr ein unvermeidlicher Vorgriff auf die Philosophie. Und zwar deshalb, weil bereits jede Formulierung einer Krise unserer Praktiken, Erfahrungen und Überzeugungen *als* philosophisches Problem beinhaltet, diese Krise als Infragestellung einer bestimmten philosophischen Konzeption zu deuten. Die Krise der Praxis muß bereits als ein protodiskursiver Zug im Feld der Philosophie gedeutet worden sein, damit sie ein philosophisches Problem sein kann. Ihre Probleme sind der Philosophie nicht einfachhin gegeben, sondern von ihr mitgemacht – »sprunghaft gesetzt«, wie Niklas Luhmann von jedem Problem sagt.[12] Die Krisen unserer Praktiken, Erfahrungen und Überzeugungen *werden* erst zu philosophischen Problemen, wenn die Philosophie in ihnen ein Stück Philosophie erkennt, wenn das, was in ihnen unbestimmt oder strittig wird, als eine philosophische Konzeption beschreibbar geworden ist. Die Probleme, die die Philosophie, das heißt, die *eine* Philosophie, untersucht, sind Probleme, in die die Philosophie, das heißt, eine *andere* Philosophie, geraten ist. Oder: Das Problem der Philosophie ist immer nur (schlechte) Philosophie; das Problem, das die Philosophie untersuchen und lösen will, ist immer nur sie selbst – Philosophie.

Diese Feststellung wäre völlig mißverstanden, wenn man sie so verstünde, daß die Philosophie sich narzißtisch ausschließlich mit sich selbst beschäftigte. Die Struktur eines philosophischen Problems ist nicht der Gegensatz zwischen Philosoph und Philosoph (oder Philosophin und Philosophin), sondern zwischen dem Philosophen und der »Menge«, der Gegensatz also zwischen einer philosophischen Konzeption und den Evidenzen unserer Praktiken, Erfahrungen und Überzeugungen. Es ist aber nicht nur eine Eitelkeit, es sind zwei Eitelkeiten, die die Philosophie vermeiden muß. Die eine Eitelkeit besteht in der Ansicht, die Philosophie müsse sich nur mit sich selbst und ihren eigenen Problemen beschäftigen, um für die Praxis von Bedeutung zu sein; die andere Eitelkeit besteht in der Ansicht, die Philosophie sei deshalb für die Praxis von Bedeutung, weil sie sich unmittelbar mit deren Krisen beschäftigen könne. Das erste ist die Eitelkeit einer metaphysischen, das zweite die einer pragmatischen Philosophie. Was die erste übersieht, ist die im dialektischen Problemkonzept unterstrichene Verknüpfung mit den Krisen einer Praxis. Das ist der nicht wieder preiszugebende Gewinn der philosophischen Dialektik: daß die Philosophie im Bezug auf die Krisen der Praxis ihre Berechtigung oder aber *keine* Berechtigung hat. Dieser Rückbezug kann aber nicht so verstanden werden – das ist, was die pragmatische Eitelkeit übersieht –, daß die Philosophie unmittelbar an der Bewältigung dieser Krisen arbeite; daß die Philosophie im Beitrag zu ihrer Lösung bestehen könne. Das pragmatische Problemverständnis hat auf dem harten Weg der Philosophie zur Bescheidenheit nur den ersten Schritt getan: Sie hat das philosophische Staunen seiner selbstgerechten Selbstverständlichkeit entkleidet. *Wenn* das philosophische Problematisieren und Untersuchen seine Berechtigung hat, dann nur im Bezug auf die Krisen unserer Praktiken, Erfahrungen und Überzeugungen. Das pragmatische Philosophieverständnis hat aber gerade dadurch der Philosophie eine erneute, ja, eminente Bedeutsamkeit zurückgewinnen wollen: als einen notwendigen Beitrag zur Lösung der Krisen unserer Praktiken, Erfahrungen und Überzeugungen. Dabei übersieht es, daß die Philosophie nur zur Lösung der Probleme beitragen kann, die Probleme der Philosophie sind. Die »Problemlösungskapazitäten« der Philosophie sind grundsätzlich beschränkt: Wenn sie überhaupt Probleme lösen kann, dann nur ihre eigenen. Und nur insoweit kann sie auch bei der Lösung der Krisen der Praxis helfen: insoweit als es sich bei diesen Krisen um philosophische Probleme handelt.

Ob es sich aber so verhält, läßt sich niemals mit Gewißheit feststellen; es gibt keine Kriterien für die Identifizierung philosophischer Probleme – wenn wir sie als dialektische verstehen. Gerade eine dialektische Philosophie steht unabweisbar vor dem Problem des Scheinproblems, der Unterscheidung zwischen scheinbaren und wirklichen Problemen. Ein ›wirkliches‹ philosophisches Problem ist nach dialektischer Konzeption ein Problem, das seinen Grund in den Krisen einer Praxis hat. Eben das aber können wir niemals mit Sicherheit wissen. Ob mit den Krisen unserer Praxis ein philosophisches Problem verbunden ist – das Problem also, daß eine bestimmte philosophische Konzeption unbestimmt oder strittig ist –, ist eine Frage ihrer Deutung. So deutet die Philosophie die Krisen der Praxis als philosophische Probleme, ohne daß sich dies endgültig entscheiden ließe: Aus der Sicht der Philosophie sind diese Deutungen immer richtig, denn damit erst *werden* die Krisen der Praxis zu philosophischen Problemen, zu Problemen für die Philosophie. Aus der Sicht der Praxis hingegen sind diese Deutungen immer Überinterpretationen, denn in der Wahrnehmung der Praxis sind ihre Krisen alles mögliche, technische, ethische, politische Krisen – praktische eben, aber nicht philosophische Probleme. Auch noch, ja, gerade eine Philosophie, die dialektisch geworden ist, bewegt sich endlos zwischen diesen beiden Polen der Tautologie und der Überinterpretation, der Evidenz und der Verstiegenheit.

Was bedeutet das für den Vorwurf der Gefährlichkeit der Philosophie für die sozialen und kulturellen Praktiken? Das dialektische Verständnis philosophischer Probleme wollte diesen Vorwurf durch den Nachweis zurückweisen, daß die Philosophie nicht funktionierende Praktiken von außen in Frage stellt, sondern die Krisen bearbeitet, die in Praktiken selbst aufbrechen. Darin begründet sich die pragmatische Ansicht von der sozialen Produktivität der Philosophie. Diese Ansicht ist nicht einfachhin falsch: Die Untersuchung und Korrektur philosophischer Konzeptionen *geht aus* von den Krisen unserer Praxis, und sie *kann* auch produktive Effekte für deren Bewältigung haben. Nur kann man, das heißt, die Philosophie, dies niemals wissen: Wenn es keine Kriterien für und daher keine Gewißheit über das Vorliegen eines dialektisch-philosophischen Problems gibt, dann gibt es auch keine Kriterien für und daher keine Gewißheit über die soziale oder kulturelle, also die praktische Produktivität der Philosophie. Und das heißt nicht nur, daß die Philosophie irrelevant für die Praxis sein kann, sie kann sie stören und ihre Krisen verschärfen. Denn in dem Deutungsprozeß, in dem die Philosophie ihre Probleme etabliert, behauptet sie zugleich, daß der Praxis bestimmte philosophische Konzeptionen implizit sind, die, als unbestimmte oder strittige, für ihre Krisen zumindest mitverantwortlich sind. Diese impliziten philosophischen Konzeptionen *können* aber, eben weil sie bloß implizit sind, gar nicht anders als unbestimmt und strittig sein. Implizite Philosophie ist immer schlechte Philosophie, und die Gefahr einer dialektischen Philosophie, die zur Lösung der Krisen der Praxis beitragen will, die Gefahr der Philosophie also seit Sokrates ist es, überall in der Praxis schlechte Philosophie zu entdecken, mit deren Untersuchung und Korrektur schlechterdings nicht mehr nachzukommen ist. Gerade die dialektische Philosophie droht in ein Spiegelkabinett zu geraten, in dem sie immer nur Philosophie, aber in verzerrter Gestalt wahrnimmt. Diese Gefahr ist unabweisbar: Gerade eine Philosophie, die gegen den Vorwurf willkürlicher Zersetzung der Praxis ihre Probleme mit den Krisen der Praxis verknüpft, gerade eine solche dialektisch über sich aufgeklärte Philosophie vermag ihre soziale Produktivität nicht zu garantieren. Sie kann nicht sicherstellen, daß sie wirkliche, nicht Scheinprobleme bearbeitet; und sie kann daher auch nicht sicherstellen, daß sie zur Lösung der Krisen einer Praxis beiträgt.

Gleich am Anfang von Elfriede Jelineks *Totenauberg* sagt »die Frau« zu dem »alten Mann«, der unüberhörbar Züge Heideggers trägt: »Fangen wir mit dem Unscheinbaren, dem Kleinen an: verlangt es nicht nach kleineren Worten als Sie überhaupt besitzen?« Was fängt mit dieser Frage (diesem Problem?) an? Versteht man es als den Beginn einer philosophischen Untersuchung, als einen Beginn im philosophischen Staunen also, dann ist diese Frage paradox. Die großen Worte sind das Problem der Philosophie, weil in ihnen das unscheinbar Kleine der Praxis verschwindet, aber ohne große Worte gibt es keine Philosophie – auch keine Philosophie, die mit dem Problem der Praxis mit den großen Worten beginnt.

Anmerkungen

* Mit Dank an Dieter Thomä.

[1] J.-P. Vernant, »Les origines de la philosophie«, in: J.-P. Vernant/P. Vidal-Naquet, *La Grèce ancienne*, Bd. 1: Du mythe à la raison (Paris, 1990), S. 235.

[2] Xenophanes, Sillen, 18; in: H. Diels/W. Kranz, *Die Fragmente der Vorsokratiker*, Bd. 1 (Zürich/Hildesheim, 1992), S. 133.

[3] Zur Kritik der Dichtung seit der vorsokratischen Philosophie siehe E. A. Havelock, *Preface to Plato* (Cambridge, Mass./London, 1963); H. Schlaffer, *Poesie und Wissen: Die Entstehung des ästhetischen Bewußtseins und der philologischen Erkenntnis* (Frankfurt am Main, 1990), Teil I.

[4] »Poesie im neueren Sinne geht hervor aus der Skepsis der episteme dem Enthusiasmus gegenüber«, lautet die überzeugende These von Heinz Schlaffer (a. a. O., S. 24). Dem ist nur hinzuzufügen, daß die Poesie im neueren, nicht mehr mythischen Sinn ihrerseits aus der Skepsis gegenüber der episteme, das heißt anfänglich: der Philosophie hervorgeht. Zu diesem weiten Begriff von Philosophie siehe E. R. Curtius, *Europäische Literatur und lateinisches Mittelalter* (Bern/München, 1978), S. 210 ff.

[5] J.-J. Goux, *Oedipus, Philosopher* (Stanford, 1993).

[6] Zur Deutung dieser Komödie im Rahmen des Streits zwischen Philosophie und Dichtung siehe L. Strauß, *Socrates and Aristophanes* (Chicago/London, 1980), Kap. 2.

[7] In dem ersten Teil dieser These folge ich H. Meier, *Warum Politische Philosophie?* (Stuttgart/Weimar, 2000). Im Unterschied zu Henrich Meier zweifele ich aber daran, daß die Philosophie in ihrer Verteidigung gegen die Literatur erfolgreich sein kann.

[8] H. Meier (a. a. O., S. 14) beschreibt diese Gestalt der Philosophie als die der »Politischen Philosophie«, in der die Philosophie »zur Vollendung ihrer Reflexivität gelangen kann«.

[9] Genauer gesagt, ist das *eine* Leistung (oder Hoffnung) der philosophischen Dialektik. Die andere besteht darin, eine Methode zur Lösung der so neu verstandenen philosophischen Probleme entwickeln zu können.

[10] Aristoteles, *Topik*, 104b. – Der Kontext der aristotelischen Topik ist natürlich ein anderer als eine Theorie der Philosophie. Ich beanspruche hier nicht, diesem Kontext gerecht zu werden, sondern erborge eine Formulierung, die mir helfen soll, meinen Punkt zu fassen.

[11] Vgl. G.W.F. Hegel, *Differenz des Fichteschen und Schellingschen Systems der Philosophie* (in: *Theorie Werkausgabe*, Bd. 2, Frankfurt am Main, 1970), S. 20 ff.: »Entzweiung ist der Quell des Bedürfnisses der Philosophie.« – J. Dewey,

Reconstruction in Philosophy (Boston, 1957), S. 25 f.: »The task of future philosophy is to clarify men's ideas as to the social and moral strife of their own day.« – Ich verstehe auch Gadamers Kritik des Problems zugunsten der »Frage« im selben Sinn: »Der Begriff des Problems formuliert offenbar eine Abstraktion, nämlich die Ablösung des Frageinhalts von der ihn allererst aufschließenden Frage« (H.-G. Gadamer, *Wahrheit und Methode*, Tübingen, 1975, S. 358). Was Gadamer hier »Frage« nennt, ist das »dialektische Problem« in dem vorher erläuterten Sinn.

[12] N. Luhmann, *Die Wissenschaft der Gesellschaft* (Frankfurt am Main, 1990), S. 421.

133

Jürgen Mittelstraß
Philosophische Probleme zwischen Wissenschaft und Lebenswelt

I

134   Aristoteles notiert im 2. Buch seiner Metaphysik, die er selbst als Erste Philosophie bezeichnet, 15 Aporien bzw. Probleme, die die Philosophie zu lösen habe, zum einen, weil es sich hier um Probleme handle, die die Philosophie selbst aufgeworfen habe, zum anderen, weil sie allein in der Lösung dieser Probleme zu ihrer eigentlichen Aufgabe, und deren Bewältigung, finde. Sieht man sich die hier formulierten aporetischen Fragestellungen bzw. Probleme näher an, wird man feststellen, daß sie sich sowohl einer (noch kurzen) Geschichte der Philosophie, meist der Auseinandersetzung mit der Platonischen Philosophie, als auch der eigenen Konzeption dessen, was eine Erste Philosophie zu leisten habe, verdanken. So bezieht sich Aristoteles mit der 11. Aporie (»Sind das Seiende und das Eine Substanzen der Dinge?«[1]) kritisch auf entsprechende Konzeptionen Platons und der Pythagoreer, mit der 2. Aporie (»Ist die Untersuchung der Ursachen Gegenstand einer oder mehrerer Wissenschaften?«[2]) im wesentlichen auf seine eigene Ursachenkonzeption. Daß es sich dabei um philosophische Probleme handelt, steht außer Frage.

Offenbar treten hier als philosophische Probleme solche Probleme auf, die die Philosophie in ihrem systematischen und historischen Gang selbst aufwirft. Ein philosophisches Problem wäre insofern etwas, das sich einer philosophischen Konzeption bzw., bezogen auf eine philosophische Konzeption, einer philosophischen Fragestellung verdankt. Aus einer philosophischen Fragestellung wird ein philosophisches Problem, wenn diese Fragestellung ihren Ort in einer philosophischen Konzeption hat und so ohne weiteres nicht, schon gar nicht ohne Rekurs auf eine entsprechende philosophische Konzeption, zu beantworten ist.

Tatsächlich teilt der Begriff des philosophischen Problems mit dem Begriff des Problems allgemein die Eigenschaft, in Form von Sätzen oder Sachverhalten unvereinbar mit der Menge bisher akzeptierter bzw. für wahr gehaltener Sätze oder Sachverhalte zu sein.[3] Die Lösung philosophischer Probleme bestünde entsprechend in der Herstellung der gesuchten (und zunächst vermißten) Vereinbarkeit, entweder durch den Nachweis, daß diese nach weiterer Analyse auf dem Hintergrund einer philosophischen Konzeption mit ihren Sätzen oder den von diesen ausgedrückten Sachverhalten gegeben ist, oder durch eine Veränderung der Konzeption selbst, insofern erkannt wird, daß sich die Existenz eines philosophischen Problems selbst Unklarheiten derjenigen Konzeption verdankt, auf die sich das Problem, in Form einer zunächst unbeantwortbaren Frage, bezieht. Im Falle der Aristotelischen Probleme läge deren Lösung entsprechend in ihrer Bearbeitung mit den Mitteln der Aristotelischen Konzeption (einer Ersten Philosophie) oder in deren weiterer Ausarbeitung.

II

So weit, so gut. Doch was heißt hier, verallgemeinernd formuliert: mit den Mitteln der Philosophie? Offenbar sprechen wir – spricht zumindest die Philosophie – von einem philosophischen Problem auch dort, wo es nicht um eine spezielle philosophische Konzeption, z. B. die Aristotelische, geht, in der oder auf die bezogen sich ein (philosophisches) Problem ergibt. Ferner werden philosophische Probleme häufig, nämlich im Zuge ihrer Lösungsversuche, selbst als philosophiegenerierend bezeichnet, d. h., ihre Lösung – so die entsprechende Vorstellung – erfolgt nicht unter Rekurs auf eine gegebene philosophische Konzeption (gegebenenfalls auch deren Umarbeitung), sondern durch die Herstellung einer derartigen Konzeption. Das aber würde bedeuten, daß einigen Problemen gewissermaßen auf der Stirn stünde, daß sie philosophische Probleme sind.

Ist eine derartige Vorstellung sinnvoll? Formuliert z. B. die Frage »Was ist Kausalität?« ein philosophisches Problem, die Frage eines Kindes »Was war vor dem Anfang?« nicht? Oder gilt dies am Ende auch für die Frage nach einem Anfang vor dem Anfang? Der gewohnte Umgang mit derartigen Fragen in der Philosophie könnte hier unbedacht zu einer schnellen Antwort führen, der Antwort nämlich, daß es spezifische philosophische Fragen, damit auch spezifische Probleme gebe, und die Philosophie daher auch im wesentlichen damit beschäftigt sei, derartige Probleme, also ihre eigenen Probleme, zu lösen. Kein Zweifel, daß eine derartige Vorstellung keineswegs selbstverständlich ist.

III

Auch ohne die Vorstellung, daß es Fragen gibt, die für sich genommen, d. h. ohne Rekurs auf eine philosophische Konzeption, Ausdruck philosophischer Probleme sind, verbinden sich mit der Formulierung ›mit den Mitteln der Philosophie‹ mehr Unklarheiten als Klarheiten. Juristische Probleme, so könnte man sagen, sind Probleme, die sich mit juristischen Mitteln lösen lassen (und stets auch so gelöst werden). Physikalische Probleme, so könnte man sagen, sind Probleme, die sich mit physikalischen Mitteln lösen lassen (und stets auch so gelöst werden). Und so weiter. In den Wissenschaften hängen Problemstellung, Problemlösung und Methode (als Mittel zur Problemlösung) eng miteinander zusammen. Auf die Philosophie bezogen müßte es entsprechend heißen, daß philosophische Probleme solche sind, die sich mit philosophischen Mitteln lösen lassen. Doch was sind philosophische Mittel? Was zuvor einfach erschien – Aristotelische Probleme, die sich mit den Mitteln der Aristotelischen Philosophiekonzeption bearbeiten lassen –, wird allgemein betrachtet und ohne Bezug auf eine bestimmte philosophische Konzeption schwierig und erläuterungsbedürftig.

Dabei ist es möglicherweise gerade der Reichtum der Philosophie an Mitteln, sprich Methoden, der in Verlegenheiten führt. Da ist z. B. von dialektischer, transzendentaler, phänomenologischer, analytischer und konstruktivistischer Methode die Rede. Alle diese philosophischen Methoden stehen selbst für eine bestimmte philosophische Konzeption; sie sind insofern auch philosophiegenerierend. Aber beantworten sie auch die Frage, was ein philosophisches Problem ist? Jede philosophische Orientierung steht hier für sich, beantwortet diese Frage auf je eigene Weise, indem sie die

Identifikation philosophischer Probleme mit dem eigenen Vorgehen verbindet. So löst die Dialektik (wenn es denn gut geht) dialektische Probleme, die Phänomenologie (wenn es denn gut geht) phänomenologische Probleme, die analytische Philosophie (wenn es denn gut geht) analytische Probleme. Sind alle diese Probleme – also z. B. das Problem der Vermittlung des Mittelbaren und des Unmittelbaren in der Dialektik, das Problem der eidetischen Variation in der Phänomenologie, das Problem der Abbildbeziehung (zwischen Sprache und Welt) in der analytischen Philosophie – per definitionem philosophische Probleme, d.h. als solche erkennbar auch außerhalb des jeweiligen konzeptionellen Rahmens?

138

Hier sind Bedenken angebracht, die sich auch so formulieren lassen, daß in einem gewissen Sinne jede philosophische Konzeption jeweils für sich bestimmt, was ein philosophisches Problem ist. Das kann in einigen Fällen durchaus auf Konvergenzen hinauslaufen – z. B. in der Beurteilung der notorischen philosophischen Frage nach der Existenz der Außenwelt, in anderen Fällen, z. B. in der Beurteilung der Frage nach der Existenz von Dingen an sich, nicht. Mit anderen Worten, philosophische Probleme treten – auch bezogen auf die an anderen Wissenschaftsverhältnissen orientierte Feststellung, daß ein philosophisches Problem sei, was sich mit philosophischen Mitteln lösen lasse – in der Regel innerhalb philosophischer Konzeptionen auf, nicht unabhängig von derartigen Konzeptionen.

IV

Der hier beschriebene Umstand hat in der Philosophie bekanntlich zu der Vorstellung geführt, es handle sich bei sogenannten philosophischen Problemen ohnehin um *Scheinprobleme*. Unter diesen sind Probleme zu verstehen, die sich nicht nur falsch gestellten Fragen verdanken – dieser Umstand könnte durch die Umformulierung von Fragen behoben werden –, sondern prinzipiell unlösbar sind, weil sich kein Verfahren angeben läßt, das für eine Lösung in Frage kommt. So sind für Carnap alle philosophischen, insbesondere im Rahmen der Tradition der Metaphysik aufgeworfenen Probleme Scheinprobleme, insofern sie sich gegenüber einem empiristischen Sinnkriterium (in Form eines Verifikationsprinzips zur Unterscheidung zwischen sinnvollen und sinnlosen Sätzen) als sinnlos erweisen. Sie gelten als Hindernisse auf dem Wege zu einer wissenschaftlichen Philosophie, die sich allein noch als Wissenschaftslogik zu bewähren habe.[4] Aus philosophischen Problemen werden damit wissenschaftliche Probleme, beantwortbar in einem wissenschaftlichen Kontext.

Nicht weniger radikal sind die von Wittgenstein vertretene Philosophiekonzeption und der in dieser Konzeption verwendete Begriff des philosophischen Problems. Nach Wittgenstein hat ein philosophisches Problem die Form »Ich kenne mich nicht aus«[5]. Als Beispiele dienen ein Mensch, der sich in einem Zimmer gefangen glaubt, weil er übersieht, daß die Tür offensteht[6], und eine Fliege im Fliegenglas[7]. Philosophische Probleme werden damit zu Symptomen einer Krankheit, deren Therapie dann so angelegt ist, daß sie der Philosophie ihre Probleme austreiben soll. Diese Therapie ist eine Sprachtherapie, d.h., so Wittgenstein, philosophische Probleme »werden durch eine Einsicht in das Arbeiten unserer Sprache gelöst«[8] – und durch Rückkehr in die *Lebenswelt*. Wo diese und die Sprache, die sie spricht, errreicht werden, verschwinden alle philosophischen Probleme; sie werden nicht, wie bei Carnap, (in Teilen) zu wissenschaftlichen Problemen, sondern lösen sich einfach auf.

V

140 Hat die Lebenswelt keine Probleme, die man noch als philosophische Probleme bezeichnen könnte? Und lassen sich jenseits lebensweltlicher Verhältnisse keine Probleme mehr identifizieren, die sich als philosophische Probleme einer Reduktion auf lebensweltliche Probleme widersetzen bzw. in diese nicht transformiert werden können? Wittgensteins Lösung des Problems philosophischer Probleme ist zu einfach, um wahr zu sein. Das lehrt z.B. schon ein Blick in Kants *Kritik der reinen Vernunft*, in der dieser – im Zusammenhang mit der Erörterung der Freiheitsantinomie – einerseits bemerkt, daß eine gelingende Praxis keine philosophischen Probleme (hier ein Freiheitsproblem) kennt, andererseits aber betont, daß »einem nachdenkenden und forschenden Wesen anständig ist, gewisse Zeiten lediglich der Prüfung seiner eigenen Vernunft zu widmen«[9]. Daß dies auf Wittgensteinsche Weise zu einer völligen Auflösung philosophischer Probleme führen könnte – Kritik der reinen Vernunft insofern als Therapie der reinen Vernunft –, wäre für Kant kein plausibler Gedanke und ist auch heute, selbst auf dem Hintergrund der Transformation der Vernunftkritik Kants in eine Sprachkritik (etwa analytischer oder konstruktivistischer Art) nicht plausibel.

Dies hat etwas damit zu tun, daß philosophische Gegenstände, auch solche, die sich in philosophischen Problemen zum Ausdruck bringen, nicht lebensweltlich gegeben sind, sondern sich in der Weise konstituieren, daß sich die Vernunft oder der Verstand, hier der philosophische Verstand, reflektierend auf ein primäres Erkennen und Handeln (in einem lebensweltlichen Kontext) beziehen. Das geschieht einerseits so, daß sich das Denken, auch das theoretische Denken in Wissenschaft und Philosophie, als in vortheoretischen Zusammenhängen fundiert begreift – in diesem Sinne wird innerhalb einer konstruktivistischen Wissenschaftstheorie, bezogen auf wissenschaftliche wie philosophische Theorien, von einem *Unterscheidungsapriori* und einem *Herstellungsapriori* gesprochen[10] –, andererseits im Rahmen der Einsicht, daß die Lebenswelt nicht einfach das (unproblematische) Gegenüber einer theoretischen Welt ist, sondern sich in Teilen selbst durch theoretische Leistungen (in Wissenschaft und Philosophie) als konstituiert erweist. Dies gilt sowohl in einem ›ontologischen‹, Welt als Produkt des wissenschaftlichen und technischen Verstandes begreifenden Sinne als auch in einem erkenntnistheoretischen Sinne. Hegelianisch ausgedrückt: Wie wir die Welt ansehen – mit unseren Begriffen, Erfahrungen, Theorien –, so sieht sie uns an; eine einfache Vernunft der Tatsachen, der unser Wissen einfach folgen könnte, und eine Welt an sich, in der wir uns mit unserem Wissen orientieren könnten, gibt es nicht. Das gilt auch von der Lebenswelt, obwohl diese sich in Fundierungszusammenhängen, nämlich bezogen auf ein Unterscheidungs- und ein Herstellungsapriori unseres theoretischen Wissens, als ein vor-theoretisches Apriori erweist.

VI

Was ist ein philosophisches Problem? Nach Carnap wäre es ein Scheinproblem, nach Wittgenstein eine Krankheit, deren Therapie aus der Philosophie herausführt. In beiden Fällen wären philosophische Probleme Irrtümer, die sich entweder auf dem Wege in die Wissenschaft oder auf dem Wege in die Lebenswelt vermeiden lassen. Doch beide ›Lösungen‹ des Problems philosophischer Probleme sind nicht überzeugend, aus den genannten Gründen. Das bedeutet nicht, daß die Rede von philosophischen Problemen unproblematisch wäre. Das haben die Überlegungen zum ›Ort‹ philosophischer Probleme in philosophischen Konzeptionen und zum Begriff des philosophischen Mittels, über dessen Anwendung sich definiert, was ein philosophisches Problem ist, gezeigt.

Auch Kants Hinweis auf eine »Vollendung aller Kultur der menschlichen Vernunft«[11] könnte man, dabei noch einmal an die zuvor zitierte Stelle zurückkehrend, so verstehen, daß es nach der Kritik der reinen Vernunft keine philosophischen Probleme mehr gibt. Es blieben da allerdings noch das Interesse der (reinen) Vernunft, das, was an ihr selbst konstruktiv ist (Architektur der Vernunft), und das, was sie selbst ins Werk gesetzt hat (Praxis der Vernunft), normativ zu analysieren und zu reflektieren. Es wäre zugleich die Aufgabe, sich philosophisch, und das heißt eben auch: kritisch in einem aufklärerischen Sinne, der kulturellen Form der Welt zu vergewissern. Diese Vergewisserung, das Wissen einer Kultur von sich selbst, leistet die Lebenswelt nicht, auch nicht ein philosophischer Rückgang auf die Lebenswelt, der philosophische Probleme zu lösen sucht, indem er sie in der Lebenswelt versenkt.

VII

Die Frage »Was ist ein philosophisches Problem?« läßt sich auch als die Frage stellen »Gibt es philosophische Probleme?«. In beiden Fällen besteht die Schwierigkeit einer Antwort darin, in einer Klassifikation von Problemen Platz für Probleme zu finden, die sich auch ohne Rekurs auf eine philosophische Konzeption und ohne Rekurs auf eine besondere Sicht der Welt als philosophische Probleme bezeichnen lassen. Beides aber geht nicht, was im übrigen auch bedeutet, daß philosophische Probleme überall liegen können, in jeder philosophischen Konzeption und in jeder Sicht der Welt, natürlich auch in einer wissenschaftlichen Sicht der Welt. Oder ist das Problem der Rede von Naturgesetzen allein ein physikalisches Problem und das Problem der Rede vom Leben allein ein biologisches Problem? Es ist wohl das Charakteristikum jener Probleme, die wir als philosophische Probleme bezeichnen möchten, daß sie gewissermaßen zwischen Himmel und Erde, zwischen den Sphären der Wissenschaft und den Sphären der Lebenswelt angesiedelt sind und sich von dort auch nicht einfach – entweder in Richtung Himmel (Wissenschaft) oder in Richtung Erde (Lebenswelt) – vertreiben lassen.

Also gibt es auch philosophische Probleme: solche, die wie die 15 Aristotelischen Aporien innerhalb einer philosophischen Konzeption auftreten, und solche, die sich wie das Nachdenken Kants über die Architektur der Vernunft und die Vollendung der Vernunft einer philosophischen Sicht der Dinge verdanken. Wer hingegen glaubt, auf den Begriff des philosophischen Problems verzichten zu können, schüttet das Kind mit dem Bade aus: Er verliert mit den philosophischen Problemen auch die Philosophie.

Jürgen Mittelstraß

Anmerkungen

1 Met. B4.1001a5–6.
2 Met. B2.996a18–20.
3 Vgl. G. Wolters, Problem, in: J. Mittelstraß (Hg.), *Enzyklopädie Philosophie und Wissenschaftstheorie III* (Stuttgart/Weimar 1995), S. 347–348.
4 R. Carnap, *Logische Syntax der Sprache* (Wien/New York ²1968), S. 203 ff. Vgl. G. Gabriel, Scheinproblem, in: J. Mittelstraß (Hg.), *Enzyklopädie Philosophie und Wissenschaftstheorie III*, S. 689-690.
5 L. Wittgenstein, *Philosophische Untersuchungen* 123, in: L. Wittgenstein, *Tractatus logico-philosophicus. Tagebücher 1914–1916. Philosophische Untersuchungen* (Frankfurt/Main 1960), S. 345.
6 Berichtet von N. Malcolm, Ludwig Wittgenstein. *A Memoir* (London 1958), S. 51. dt. *Erinnerungen an Wittgenstein* (Frankfurt/Main 1987), S. 73.
7 L. Wittgenstein, *Philosophische Untersuchungen* 309 (a. a. O., S. 407).
8 L. Wittgenstein, *Philosophische Untersuchungen* 109 (a. a. O., S. 342).
9 *Kritik der reinen Vernunft* B 504, in: I. Kant, *Werke in sechs Bänden*, hg. v. W. Weischedel (Darmstadt 1956–1964) II, S. 450.
10 Vgl. J. Mittelstraß, *Historische Analyse und konstruktive Begründung*, in: K. Lorenz (Hg.), *Konstruktionen versus Positionen. Beiträge zur Diskussion um die Konstruktive Wissenschaftstheorie*, I–II (Berlin/New York 1978), II, S. 256–277; ferner J. Mittelstraß, *Philosophische Grundlagen der Wissenschaften. Über wissenschaftstheoretischen Historismus, Konstruktivismus und Mythen des wissenschaftlichen Geistes*, in: P. Hoyningen-Huene/G. Hirsch (Hg.), *Wozu Wissenschaftsphilosophie? Positionen und Fragen zur gegenwärtigen Wissenschaftsphilosophie* (Berlin/New York 1988), S. 179–212.
11 *Kritik der reinen Vernunft* B 878 (a. a. O., II, S. 708).

144

Martha Nussbaum
Arbeit an der Kultur der Vernunft

Jedes Problem, über das sich die Menschen den Kopf zerbrechen,
ist ein philosophisches Problem. In einem gewissen Sinne umfaßt
die Philosophie das Ganze des menschlichen Lebens. Die Philosophie beginnt, wie es bei Aristoteles heißt, mit dem Gefühl des
Staunens. Daher kann die Philosophie überall dort zum Zuge
kommen, wo wir uns fragen, warum wir existieren, warum wir
sterben müssen, warum wir Bewußtsein haben und was Bewußtsein bedeutet oder warum es uns so schwerfällt, gute Menschen zu
sein, beziehungsweise überall dort, wo wir uns irgendeine Frage
stellen, die die Welt und unser Handeln in der Welt betrifft. Das
Philosophische ist, wie ich meine, eigentlich nicht die mit der Titelfrage angeschnittene Thematik, sondern die Art und Weise, in
der man sie angeht und in der man im weiteren mit ihr umgeht.
Ein kennzeichnendes Merkmal der Philosophen ist, daß sie nach
einer allgemeinen Erklärung des jeweils behandelten Themas suchen. Sie werfen die berühmte Sokrates-Frage »Was ist X?« auf
und ärgern die Menschen dann mit ihrer mangelnden Bereit-
schaft, eine bloße Beispielliste als ausreichende Antwort gelten zu
lassen. Statt dessen pochen sie darauf, eine einheitliche und eini-
germaßen allgemeine Erklärung zu bekommen, und zwar nach

Möglichkeit eine Erklärung, die weder Widersprüche noch Mehrdeutigkeiten enthält.

Typischerweise fragen sich die Gesprächspartner Sokrates', worin der Nutzen derartiger Erklärungen bestehe. Inwiefern hilft mir als General eine Erklärung dessen, was Mut ist, bei der Verbesserung meiner Handlungskompetenz, sofern die Erklärung ihrerseits im Regelfall voraussetzt, daß ich schon eine ziemlich zutreffende Vorstellung davon habe, welche Arten von Handlungen als mutig gelten? Auf diese Frage sollte der Philosoph meines Erachtens antworten, daß die meisten von uns überwiegend unaufmerksam dahinleben. Zu selten setzen wir unsere Überzeugungen der Prüfung aus, zu selten machen wir die Probe, ob sie keine Widersprüche enthalten und zueinander passen. Das beeinträchtigt unser Leben beispielsweise dann, wenn wir vorzüglich klingende Grundsätze verkünden, ohne zu merken, daß eine Teilmenge unserer Urteile (über Rassenprobleme etwa oder über Frauenfragen) gegen diese vortrefflichen Prinzipien verstößt. Sokrates' Forderung, ein »geprüftes Leben« zu führen, läuft auf die Forderung hinaus, aus unserem Menschsein das Beste zu machen, indem wir aufmerksam und systematisch betrachten, was wir eigentlich denken und sagen.

Das ist ein guter Ansatz für den Umgang mit uns selbst. Außerdem ist es ein guter Ansatz für den Umgang mit unseren Mitbürgern. Ich bin der Überzeugung, daß alle jungen Menschen in der Schule und an den Universitäten in Philosophie unterrichtet werden sollten, denn die Philosophie sorgt für ein Element, das im Hinblick auf die Mitwirkung an einem demokratischen Gemeinwesen ausschlaggebend ist, nämlich die Fähigkeit, mit Respekt auf die Ausprägung der geistigen Einstellung anderer Personen einzugehen. Alle amerikanischen Schüler und Studenten haben zum

Beispiel eine Meinung über die Todesstrafe. Doch sobald sie philosophisch an das Thema herangehen, behandeln sie einander mit einer neuen Art von Respekt. Anstatt bloß Behauptungen und Gegenbehauptungen auszutauschen, erkundigen sie sich ernsthaft nach der Struktur der von der Gegenseite vertretenen Argumentation. Sie verschließen sich nicht mehr der Möglichkeit, einige ihrer Prämissen könnten die gleichen sein wie die ihrer Gegner, und ziehen die Eventualität in Betracht, daß sie sogar von ihren Kontrahenten etwas lernen könnten.

Ein philosophisches Problem ist, so gesehen, jedes Problem, an das man mit Respekt vor den Vernunftgründen aller übrigen Diskussionsteilnehmer – mit echter Bescheidenheit hinsichtlich des eigenen Bewußtseinsstandes und mit wirklicher Neugier auf die bestmögliche Erklärung – herangeht. Wenn es gelingt, aus einem politischen Thema den Gegenstand einer philosophischen Diskussion zu machen, stellt man somit eine neue Beziehung zwischen den Diskussionsteilnehmern her und schafft damit eine Gemeinschaft neuen Typs: eine rücksichtsvolle Gemeinschaft vernünftiger Wesen anstelle einer von Streitigkeiten zerrissenen Gemeinschaft nach Macht strebender Personen. Das ist der Grund, warum die Philosophie denen, deren Selbstbild auf einem prahlerischen Überlegenheitsanspruch beruht, immer so gefährlich erschienen ist. Zugleich ist es der Grund, warum die Philosophie von solchen Menschen oft als »verweichlicht« und »unmännlich« verhöhnt worden ist. Und außerdem ist es der Grund, warum moderne Demokratien – ebenso wie das antike Athen – so dringend der Philosophie bedürfen und so schwer unter der Mißachtung der Philosophie leiden.

Richard Rorty
Im Dienste der Welterschließung

148 Die wichtigsten Probleme, die von Philosophen erörtert werden, betreffen die Frage, wie man dafür sorgen kann, daß die verschiedenen Teile der Kultur einen Zusammenhang bilden, insbesondere die Frage, wie man an einer überlieferten Weltanschauung herumbasteln sollte, damit auch neuere kulturelle Entwicklungen berücksichtigt werden (beispielsweise die Axiomatisierung der Geometrie, die Kodifizierung der Gesetze, der Aufstieg der buddhistischen Religion, die Newtonsche Physik, die Dichtungen der Romantik, die Französische Revolution, die Evolutionstheorie Darwins, die Psychoanalyse Freuds oder das Scheitern der nicht marktorientierten Wirtschaftssysteme). Solche welterschließenden Ereignisse verlangen, daß die Intellektuellen die Terminologie neu durchdenken, deren sie sich bisher bedient haben, um über diverse Großthemen zu reden wie etwa: die Erkenntnis, die Wahrheit, den Menschen, die Regierungsformen, die Freiheit, das Gesetz, die Seele, Gott, die Gerechtigkeit, das Gewissen und dergleichen mehr. Kants Versuch, das christliche Moralbewußtsein mit der naturwissenschaftlichen Korpuskulartheorie in Einklang zu bringen, ist ebenso ein Musterbeispiel für dieses neuerliche Durchdenken wie das Bemühen Thomas von Aquins, die christliche Lehre mit den kurze Zeit vorher übersetzten Schriften des Aristoteles zu versöhnen.

Den von Kant und Thomas unternommenen Anstrengungen, zwei entgegengesetzte Weltanschauungen unter einem größeren Dach zusammenzubringen, entspricht ein ebenfalls von den Philosophen behandeltes Problem anderer Art. Dabei geht es um die Frage, wie es möglich wäre, zwei oder mehr Bücher, die den betreffenden Philosophen beeindruckt haben und ihm einleuchtend vorkommen, miteinander zu verbinden, obwohl sie offenbar völlig im Widerstreit miteinander liegen. Zu den Beispielen für diese Art von Bestrebungen gehören Derridas Bemühungen, sowohl Freud als auch Heidegger gerecht zu werden, Mills Bemühungen, sowohl Bentham als auch Coleridge gerecht zu werden, und Whiteheads Bemühungen, Bergson ebenso zu seinem Recht kommen zu lassen wie Frege. Derartige Versuche, zu einer theoretischen Synthese zu gelangen – grundverschiedene Bücher mit ein und demselben Blick zu erfassen –, und das Bemühen, mit neueren Veränderungen auf intellektuellem Gebiet zu Rande zu kommen, bilden zwei Arten einer einzigen Gattung. Es sind Arten, zwischen denen es oft zu Kreuzungen kommt. Die Gattung kann man als ›dialektische Synthese‹ im Sinne Hegels auffassen, als ein Streben danach, anscheinend entgegengesetzte Dinge in solcher Weise zusammenzufügen, daß es zu einer Verbesserung beider kommt.

Es gibt eine Reihe von Intellektuellen, die bestrebt sind, solche Synthesen zu bewerkstelligen, indem sie Begriffe auf den neuesten Stand bringen, Weltanschauungen revidieren, Entscheidungen über Beibehaltung beziehungsweise Preisgabe alter Vorstellungen treffen und Neologismen ersinnen. Zu ihnen gehören auch viele Autoren, deren Schriften nicht auf die Philosophie-Regale unserer Bibliotheken gestellt werden, sondern auf die Regale für Literatur oder Geschichtswissenschaft. Dennoch hat es den Anschein, als sei »Philosophie« trotzdem der beste Name für den Versuch, die Dinge dadurch in einen Zusammenhang zu bringen, daß man die Formen unseres Redens und Denkens neu reguliert, um auf diese Weise augenscheinliche Widersprüche miteinander zu versöhnen und aus scheinbarer Verwirrung Zusammenhänge erwachsen zu lassen.

In diesem erweiterten Sinne gilt Montaigne ebenso als Philosoph wie Descartes, Gibbon ebenso wie Hume, Goethe ebenso wie Hegel, Henry James ebenso wie sein Bruder William und Baudelaire ebenso wie Kierkegaard. Es hat wenig Sinn, den Begriff einzuengen, um eine von Vorurteilen geprägte Unterscheidung zu treffen, wie sie von Heidegger gemacht wurde, als er sagte, Nietzsche sei ein großer Denker, während Kierkegaard nur ein religiöser Schriftsteller gewesen sei, oder wie sie von analytischen Philosophen gemacht werden, wenn sie behaupten, Kripke sei ein »echter« Philosoph, Derrida hingegen nicht.

Die Nichtfachleute lesen Bücher, denen man das Etikett »Philosophie« anheftet, weil sie sich eine Synthese dieser Art erhoffen – weil sie gern erkennen wollen, wie man eine Menge verschiedenartiger Dinge in einen Zusammenhang bringen kann. Sie wollen Bücher, die ihnen Auskunft darüber geben, wie es ihnen zum Beispiel gelingen kann, sowohl Naturwissenschaft als auch Religion zu haben oder eine marxistisch geprägte politische Einstellung im gleichen Atemzug zu vertreten wie eine Vorliebe für surrealistische Kunst. Aber spätestens seit der Zeit Kants – also spätestens seit der Zeit, da die Philosophie als eigenes und autonomes Fach Gestalt anzunehmen begann – sind eine Menge von Büchern auf den Philosophie-Regalen aufgetaucht, die sich mit Problemen viel kleineren Maßstabs befassen, mit spezifisch professionellen Problemen, mit Problemen, bei denen man nur von seiten der Philosophiedozenten mit Interesse rechnen kann.

Hier werde ich von »scholastischen« Problemen sprechen. Das ist die Sorte von Problemen, die von Philosophieprofessoren mit inständigem Ernst betrachtet werden und auf deren Lösung oder vorgeblicher Lösung akademische Karrieren aufgebaut werden können. Doch zugleich ist das eben die Art von Problemen, die von rivalisierenden Philosophieprofessoren als Scheinprobleme verhöhnt und als Probleme diskreditiert werden, die sich aus einer terminologischen Fehlentscheidung oder aus einer Menge falscher Voraussetzungen ergeben. Die Cartesianer und Hobbesianer des siebzehnten Jahrhunderts verspotteten die an den Universitäten lehrenden Aristoteliker, weil diese sich mit Scheinproblemen abgaben. Die Kantianer nahmen mit der gleichen Art von Spott die Anhänger Lockes und Wolffs aufs Korn, und ebenso verfuhren die Hegelianer mit den Kantianern, Husserl mit den Naturalisten, die logischen Positivisten mit Heidegger und die postpositivistischen Vertreter der analytischen Philosophie mit den logischen Positivisten. Heutzutage bemühen sich die Angehörigen der analytisch geprägten Philosophie-Abteilungen nordamerikanischer Universitäten ausführlich um Erklärungen, die zeigen sollen, warum es sich nicht lohnt, über die von ihren Kollegen an anderen nordamerikanischen Universitäten erörterten Probleme ein Wort zu verlieren, und sie verhalten sich dabei nicht anders als die Angehörigen der philosophischen Seminare zur Zeit der Blüte des Neukantianismus.

In scholastischen Problemen sollte man nichts anderes sehen als das natürliche Nebenprodukt – sozusagen den erwartungsgemäß anfallenden Überschuß – ehrgeiziger, couragierter Bemühungen um die Lösung nichtscholastischer Probleme bezüglich der Möglichkeit der Herstellung einer dialektischen Synthese. Als Kant die Moralität mit der neuzeitlichen wissenschaftlichen Erklärung des Funktionierens der Dinge in Einklang zu bringen versuchte, warf er durch seine Bestrebungen eine Menge technischer Probleme auf: Sind die wahren Aussagen der Mathematik wirklich synthetische Urteile a priori? Sind Schemata wirklich erforderlich, um Begriffe und Anschauungen zusammenzukitten? Existieren wirklich nur zwölf Kategorien des reinen Verstandes, oder gibt es Platz für ein paar zusätzliche? Als Carnap geltend machte, die einheitswissenschaftliche Weltanschauung gestehe der Philosophie keine Aufgabe zu außer der logischen Analyse sprachlicher Ausdrücke, erzeugte er eine Fülle weiterer technischer Probleme: Welchen Rang hat das Verifizierbarkeitskriterium der kognitiven Bedeutung? Wo liegt die Grenze zwischen Sprachlichem und Faktischem? Ist das Projekt der Herbeiführung einer Einheitswissenschaft gefährdet, wenn es nicht gelingt, intensional formulierte Äußerungen extensional zu paraphrasieren?

Die Erörterung solcher Detailprobleme, deren Witz einem Laienpublikum nur sehr schwer nahezubringen ist, veranlaßt die Kritiker der analytischen Philosophie zu der Behauptung, sie sei zur Untersuchung unfruchtbarer Fachfragen entartet. Dieser Vorwurf ist zwar nicht ganz falsch, aber einen ähnlichen Vorwurf hätte man mit ungefähr gleicher Berechtigung gegen die überaus professionalisierte Tätigkeit erheben können, die zu jedem beliebigen Zeitpunkt während der letzten beiden Jahrhunderte in den philosophischen Seminaren ausgeübt wurde. Die analytische Philosophie von heute steht in dieser Hinsicht weder besser noch schlechter da als der logische Positivismus, die Phänomenologie, der Neukantianismus oder der sterile und fade Heideggerianismus, der nach dem zweiten Weltkrieg die deutsche Philosophie beherrschte.

Für diejenigen, die scholastische Detailprobleme erörtern, ist es verlockend, ihrer Tätigkeit den Anschein größerer Bedeutung verleihen zu wollen, indem sie den Anspruch erheben, diese Probleme seien »unvergänglich«: Es seien die gleichen Probleme, die schon Platon und Aristoteles, Descartes und Hobbes plagten. Natürlich ist es immer möglich, Analogien zwischen alten Problemen und neuen ausfindig zu machen, aber diese Analogien reichen nur selten aus, um irgend jemanden davon zu überzeugen, die Philosophen seien seit Tausenden von Jahren dem gleichen Geschäft nachgegangen. Sofern hinsichtlich der kanonischen Texte der abendländischen Philosophiegeschichte überhaupt etwas feststeht, dann dies: daß die schöpferischen Leistungen auf diesem Gebiet ebenso auf den kulturellen Wandel reagiert haben wie die schöpferischen Leistungen in Kunst und Literatur. Der Versuch, aus der Philosophie eine strenge Wissenschaft zu machen, die ohne eine Untersuchung der eigenen Geschichte auskommt und bleibende Resultate ansammelt, wird wahrscheinlich immer scheitern.

Ich meine, die Philosophen sollten aufhören, so zu tun, als beschäftigten sie sich mit unvergänglichen Problemen. Wir, die wir von Berufs wegen Philosophie lehren, sollten statt dessen getrost zugeben, daß unsere Tätigkeit von der schöpferischen Vorstellungskraft der großen Meister zehrt, von den Leistungen hin und wieder auftretender Genies wie Kant, Hegel, Russell, Nietzsche, Bergson, Wittgenstein oder Heidegger. Außerdem sollten wir einräumen, daß die Probleme, mit denen wir uns abgeben, altbacken aussehen und tatsächlich überholt sein werden, sobald ein weiteres Genie dafür gesorgt hat, daß alles neu wirkt. Dadurch, daß aus den Leistungen der Genies ein Überschuß abfällt, liefern sie in unvorhersagbaren Abständen einen neuen Vorrat an Problemen, mit denen sich die nächsten ein oder zwei Generationen von Philosophieprofessoren herumschlagen können. Die Genies fegen die alten Figuren vom Spielbrett und stellen dann die Figuren für eine neue Partie auf.

Wenn die Philosophie fade zu wirken beginnt und allmählich wie *bloß* scholastische Zeitvergeudung aussieht, ist das ein Zeichen dafür, daß das Fach in hohem Maße der Regeneration bedarf. Im Regelfall stellt sich diese Regeneration ein, sobald das Bedürfnis nach Erklärung eines vor kurzem erfolgten kulturellen Wandels das Feuer der Phantasie eines Genies schürt. Dann wird bei den Laien wie bei den Fachleuten ein Sturm der Begeisterung entfacht, die philosophischen Seminare beginnen vor neuer Energie zu glühen und das Fach hat für eine Zeitlang neue Lebenskraft gewonnen.

Martin Seel
Sechs nur scheinbar widersprüchliche Antworten

Probleme sind Schwierigkeiten, die jemand hat. Unter diesen gibt es willkommene und unwillkommene. Die philosophischen zählen zu den willkommenen. Ein philosophisches Problem hat nur, wer gerne in dieser Art von Schwierigkeiten steckt – jedenfalls grundsätzlich. Wie andernorts auch, bringen die Schwierigkeiten, die man liebt, oft solche mit sich, unter denen man leidet; aber diese lassen sich nur vermeiden, wenn man der Leidenschaft untreu wird, der die schönen wie die unschönen Komplikationen entspringen.

Nun ist allerdings jede Leidenschaft eine Leidenschaft für Komplikationen. Daß ihnen Probleme – grundsätzlich – willkommen sind, unterscheidet die Philosophierenden nicht grundsätzlich von anderen Liebenden. Wir müssen also etwas genauer auf die Objekte und die Subjekte der philosophischen Begierde schauen, wenn wir herausfinden sollen, was die hiervon Betroffenen umtreibt. Wir müssen näher sehen, was ein Problem haben muß und wer es haben muß, damit es als philosophisches zählt.

Ich werde hierzu sechs auf den ersten Blick widersprüchliche Behauptungen aufstellen. Es soll aber deutlich werden, daß zwischen ihnen nicht wirklich ein Widerspruch besteht. Auf die Frage, »Was ist ein philosophisches Problem?«, werde ich antworten: Alles ist eins; nichts ist eins; manches ist eins. Auf die Frage, »Wer hat ein philosophisches Problem?« werde ich antworten: Alle haben eins; keiner hat eins, mancher hat eins.

Alles ist eins

156 Alles kann zum philosophischen Problem werden – jede Sache und jede Situation.

Mein Auto springt nicht an. Wieso gerade heute! Meistens ist keine Zeit, über diese Ungelegenheit zu räsonnieren, aber eine Gelegenheit wäre das schon, die Ungelegenheit zu betrachten, mit der einen ein Mißgeschick immer ausgerechnet in der Gegenwart ereilt. – Ich habe Lust auf ein Eis, aber leider habe ich mir gerade hoch und heilig geschworen, endlich einmal Diät zu halten. Wie ist es möglich, kann ich mich fragen, daß ich jetzt schon wieder auf dem Weg zum nächsten Kiosk bin? – Da liegt etwas am Strand, das aussieht wie ein polierter Stein oder versteinertes Holz, es könnte aber auch ein Gebilde aus einem künstlichen Werkstoff sein. Was ist aus der Natur geworden, könnte man überlegen, daß sie immer im Verdacht steht, Kultur zu sein, und aus der Kultur, die es nicht lassen kann, wie Natur zu erscheinen? – Ich erhalte keine Antwort auf die E-Mails, mit denen ich eine verehrte Kollegin bedenke. Was ist das, kann ich mich fragen: Führt mich der Rechner in die Irre, bin ich zu ungeduldig, ist sie krank, hat sie das Interesse verloren? Auch die elektronische Post, so kann ich bemerken, ändert nichts daran, daß alle Kommunikation ein Flirt mit dem Ungewissen ist.

Und so fort. Man kann sich gravierendere Situationen denken, aber das würde an der Struktur nichts ändern. Man muß in jeder Lage nur einen kleinen Schritt zur Seite tun, um aus irgendeinem Problem ein philosophisches zu machen. Man muß nur einen kleinen Seitenblick auf die eigene Lage werfen und darin mehr als nur die eigene Lage erkennen. Man muß nur fragen: Was heißt es für jemand Beliebigen, »gerade jetzt« von einem Mißgeschick ereilt zu werden, wieder einmal gegen den eigenen erklärten Vorsatz zu handeln, auf etwas zu stoßen, das sich einer Grundeinteilung nicht fügt, oder daran erinnert zu werden, wie vorübergehend die Sicherheit auf allen Kommunikationswegen ist? Die Richtung, die solche Überlegungen nehmen, weist ins Allgemeine: Es geht jetzt nicht mehr nur um mich, sondern um irgend jemanden, der oder die sich – wie ich – in einer solchen Lage befindet. Über kurz oder lang geht es um alle, die überhaupt in der Lage sind, in einer solchen Lage zu sein. Diese Lage ist dann keine einzelne Lage mehr, sondern ein Typ von Situationen, in denen solche wie wir manchmal oder dauerhaft sind.

Nichts ist eins

Aber am Anfang dieser Reflexion liegt niemals etwas Allgemeines und Abstraktes, sondern die eine oder andere Situation, in der sich die Philosophierenden selber finden. Auch die von philosophischen Texten aufgeworfenen Probleme sind nur zu verstehen, wenn sich für die Leser dieser Texte Situationen finden, in der auch sie das Problem haben oder hatten. Denn philosophische Probleme *handeln* von Problemen, die wir – heute oder gestern oder heute wie gestern – nicht umhinkönnen zu haben. Die muß man *haben*, bevor man sie philosophisch *nehmen* kann. Daß ein Auto gerade jetzt nicht anspringt, daß jemand Appetit auf verbotene Dinge hat, daß sich ein Objekt der Klassifikation entzieht, daß eine Kommunikation versandet – und alle die gravierenderen Situationen, die man sich außerdem denken kann –: all das ist kein philosophisches Problem, und es stellt normalerweise auch keins. In diesem Sinn ist nichts ein philosophisches Problem. Keines der Probleme, die ein normaler Sterblicher hat, ist zunächst einmal philosophischer Natur, aber jedes, das er oder sie hat, kann sich zu einem solchen auswachsen. So passen die erste und die zweite Antwort zusammen.

Dreierlei geschieht mit einem Problem, wenn es zu einem philosophischen wird. Erstens: Es ist nicht länger meines, sondern »unseres«: es betrifft alle, die fähig sind, es eilig zu haben, ihr Begehren zu steuern, etwas nicht zu fassen, miteinander im Ungewissen zu sein, usw.; es betrifft alle, die in der Lage sind, in einer Lage wie der meinen zu sein. Zweitens: Es ist nicht länger irgendeins, das man haben oder auch nicht haben kann; es erweist sich als eins, das man nicht umhinkann zu haben. In der Ausgangsschwierigkeit wird ein allgemeines Verhältnis sichtbar, dem jemand wie ich – jemand wie »wir« – sich nicht entziehen kann, da es unseren Umgang mit der Zeit, unsere Stellung zu unseren Wünschen, die Unschärfe unserer Unterscheidungen, die Ungewißheit unserer Bindungen betrifft. Drittens: Es ist nicht länger eins mit den Sachen, die uns da in die Quere kommen, sondern eins mit dem Verständnis der Sachen, die uns so in die Quere kommen. Ein philosophisches Problem haben wir nicht mit der Bewältigung der knappen Zeit, den unermüdlichen Gelüsten, den unergründlichen Dingen, den undurchsichtigen Geliebten, sondern mit den Orientierungen, aus denen heraus es uns nach einer solchen Bewältigung verlangt: mit unserer Disposition über Zeit und Begehren, Objekte oder Subjekte. Etwas wird zu einem philosophischen Problem, wenn wir nicht verstehen, wie wir uns zu ihm verstehen. Philosophische Probleme sind Probleme mit Verständnissen unserer selbst und der Welt: mit jenen Verständnissen, von denen unsere Welt nicht zu trennen ist.

159

Manches ist eins

Solche Verständnisse bringen alle mit, denen das Auto oder die Lust, ein Begriff oder eine Person einen Streich spielen kann; solche Verständnisse *haben* alle, bevor sie in die Lage kommen, auf dieses Verständnis zu *achten*. Deshalb ist zunächst einmal nichts ein philosophisches Problem, obwohl alles zu einem führen kann. Wenn aber etwas, das ein Problem ist oder eines sein kann, zu einem philosophischen Problem mutiert, so verändert sich auch das, was wir jeweils als Problem erkennen. Es ist nicht mehr diese oder jene individuelle Lage, die das Problem darstellt, auch nicht mehr dieses oder jenes Verständnis, aus dem sich das Problem ergibt, sondern ein Grundverständnis, das für einen *Typus* oder eine *Dimension* menschlicher Lebenslagen kennzeichnend ist. So kommen wir vom kaputten Auto zum Problem des Umgangs mit Lebenszeit, von einem rätselhaften Fund zur Frage nach der Natur unserer Unterscheidungen – usf. Sobald man beginnt, aus der

Position eines bestimmten Jemand die Position eines beliebigen zu denken, *bündeln* sich die Fragen, die sich jeder und jedem hier und da stellen. Sobald ich nicht allein frage, wie komme *ich* dazu, so ein Problem zu haben, sondern darüber hinaus, wie kommt *irgendwer* dazu, sich von so etwas beirren zu lassen, sobald ich also frage, was es denn *generell* heißt, hierin eine Schwierigkeit zu sehen, stellen sich die bekannten ›großen‹ Fragen nach Zeit und Sein, Natur und Kultur, Gewißheit und Ungewißheit, Freiheit und Gebundenheit ein. In diesem Sinn wird nicht alles, aber auch nicht nichts, sondern *manches* zu einem philosophischen Problem.

160

Darum sind die Probleme der Philosophie immer wieder dieselben. Darum bleiben auch die neuen Probleme, die sich ab und an stellen, mit den alten auf die eine oder andere Weise verwandt. Darum stellen sich alle diese alten Probleme immer wieder neu: weil die Angehörigen jeder historischen Zeit mit je ihrer Erfahrung und je ihrer Sprache von jeweils *ihren* Problemen nach den Verständnissen fragen, ohne die sie ihrem Tun und Lassen keinen Sinn zu geben vermögen.

Die Verständnisse, die hierbei zur Sprache kommen, sind also nicht irgendwelche. Es sind solche, ohne die es für unsereinen nicht geht – sei es *überhaupt* nicht, sei es *zur Zeit* nicht. Ohne die was nicht geht? Ein aus menschlichem Verständnis geführtes Leben – sei es *überhaupt* nicht, sei es überhaupt nicht *gut*.

Eine philosophische Frage zielt niemals nur darauf, *jemanden* in der zweiten oder dritten Person, sondern immer darauf, *uns selbst* zu verstehen. Alle philosophischen Probleme stellen sich und suchen eine Antwort in einer generalisierten Form der ersten Person. Auch wenn es um Verhältnisse geht, in denen nicht jeder (oder nicht jeder in derselben Position) steht – etwa um die Verpflichtungen von Eltern gegenüber ihren Kindern oder um Relationen unter den Geschlechtern: Das gedankliche Experiment der Philosophie liegt stets darin, zu klären, was es für die Beteiligten heißt, sich aus diesen Verhältnissen und Verständnissen orientieren zu können oder orientieren zu müssen. Außerdem können wir diese partiellen Verhältnisse philosophierend nicht klären, ohne jeweils *unser* Verhältnis zu ihnen zu bedenken. Wir sind auch dann von vornherein mit im Spiel, wenn einmal nicht die Probleme mit *unseren* Problemen im Vordergrund stehen. Wie eingeschränkt also die *in* der philosophischen Betrachtung untersuchten Orientierungen auch sein mögen, diese Untersuchung selbst ist, was ihre Adressaten betrifft, uneingeschränkt. Denn die, die sich *von* philosophischen Fragen angesprochen sehen, sind grundsätzlich alle diejenigen, die das können. Es sind all diejenigen, die in der Lage sind, nicht nur Schwierigkeiten, sondern philosophische Schwierigkeiten zu haben.

Alle haben eins

Dazu sind alle in der Lage, die überhaupt fähig sind, ihren Schwierigkeiten die Form von Problemen zu geben: von scheinbaren und tatsächlichen, unerheblichen und erheblichen Widrigkeiten, die unter anderem durch Überlegung behoben oder bearbeitet, gelindert oder auch verschlimmert werden können. Alle, die ein Verständnis ihrer Lebenslagen haben, können in und mit ihren Lebenslagen Probleme haben. Wer das kann, kann, wenn er will, noch mehr: er kann alles und jedes, mit dem er Probleme hat, zum Anfang einer philosophischen Besinnung machen.

Denn die Philosophie hat Probleme mit den Verständnissen, aus denen unsere Probleme mit einer gewissen Notwendigkeit entspringen.

»Was – bitte – soll das?« So kann jeder fragen, wenn das Auto nicht anspringt, er keine Antwort erhält oder ein Phänomen in keine Ordnung paßt. Er muß aber weiterfragen, um bei einer philosophischen Frage anzukommen. Im Fall des Autos liegt das philosophische Problem ja nicht in der Schwierigkeit, neue Zündkerzen zu beschaffen, wie es im Fall eines obskuren Objekts oder eines Objekts der Begierde nicht darin liegt, herauszukriegen, um was es sich handelt oder wie jemand herumzukriegen wäre. Die philosophische Überlegung ist kein Beitrag zur Lösung dieser Probleme (es sei denn, die betreffende Person wäre ausgerechnet durch Philosophie zu beeindrucken). Sie verwandelt sie; sie spielt mit ihnen – nicht um herauszufinden, wie meine oder deine Probleme hier und jetzt zu lösen wären, sondern um herauszufinden, in welcher Lage wir – unter diesem oder jenem Aspekt – überhaupt sind. Wie die jeweils Betroffenen reflektiert sie aus der Perspektive der ersten Person, jedoch unter Einklammerung der *Fixierung* auf die eigene Position und Person. So findet sie in den mehr oder weniger zufällig auftretenden alltäglichen Problemen das eine oder andere generelle und überdies nicht länger zufällige Problem – unserer begrenzten Disposition über die Zeit, über die Welt, über die anderen.

Keiner hat eins

Wer in der Lage ist, seinen Schwierigkeiten die Form von Problemen zu geben, der *hat* entsprechende Probleme – nicht notwendigerweise andauernd, aber immer wieder. Wer hingegen, da er fähig ist, Probleme zu haben, auch philosophische Probleme haben kann, muß sich noch lange keine machen. Philosophie ist vermeidbar. Man kann unkontemplativ leben, und das auch ganz gut, so wie man ohne ein Ohr für die Musik durchkommen kann, und auch das ganz gut. Im einen wie im anderen Fall mag eine Dimension der Weltwahrnehmung fehlen, die die Sache noch interessanter machen könnte, aber wer schafft das schon, alle diese Dimensionen auf die Reihe zu kriegen. Die Probleme jedenfalls, mit denen man, um überhaupt klarzukommen, klarkommen muß – unter anderem: die Einteilung der Lebenszeit, die Formung des eigenen Wollens, die Klassifikation einiger Objekte, die Koordination mit einigen Leuten –, sind keine philosophischen Probleme. In diesem Sinn hat, wenn es ans Eingemachte geht, keiner ein philosophisches Problem.

Zu sagen, welches die Probleme sind, mit denen man, überhaupt oder jeweils heute, klarkommen *muß*, und *warum*: Das ist eigentlich schon die ganze Antwort der Philosophie. Sie kann sie aber in ihren vielen Facetten und Formen nur geben, solange sie mit jenen Problemen in Verbindung bleibt, aus denen heraus die ihren entstehen. Denn sie ist und bleibt eine Anwältin dieser Probleme und also der Leute, die ihr Leben in einer glücklichen oder unglücklichen Vertrautheit mit diesen Problemen führen. Die Probleme, die Philosophen haben, wurzeln in solchen, die nicht allein Philosophen haben.

Diejenigen Probleme, die die Philosophie laut Wittgenstein

zum Verschwinden bringt, sollten, wenn überhaupt, ihre eigenen sein, nicht die, aus denen heraus sie entstehen. Bringt sie diese zum Verschwinden, kommt sie an ihre eigenen gar nicht heran. Wird sie aber mit ihren eigenen fertig, verliert sie auch die ursprünglichen aus dem Blick. Denn die philosophischen Probleme sind die, die wir im Nachdenken über unsere mehr oder weniger unausweichlichen Probleme unausweichlich haben.

164 Manche haben eins

Auch wenn diese Form des Nachdenkens selber nicht unausweichlich ist, so hat sie es doch für sich, aus einer Not – den unausweichlichen Problemen – eine Tugend – ein freies Nachdenken über sie – zu machen. Mit einer Art Liebe wendet sich die Philosophie jenen Problemen zu, die man sowieso nicht loswerden kann, und das so hartnäckig, daß sich nach und nach eine reflexive Anschauung grundlegender Lagen ergibt, wie sie von keinem anderen Ort aus zu haben ist.

Diese Anschauung ist einerseits ein Selbstzweck und andererseits nicht. Sie ist es nicht, oder richtiger: nicht allein, weil sie dem Zweck einer Aufklärung der Verständnisse dient, durch die wir tatsächlich oder vermeintlich in unvermeidlichen Lagen sind. Daraus ergibt sich häufig eine Kritik der Verständnisse, aus denen heraus wir unter unseren Verhältnissen leben oder über sie – und nicht selten zugleich eine Kritik an Verhältnissen, die uns an beschränkte und beschränkende Verständnisse unserer selbst und der Welt binden. Dieses bescheidene Medium einer Verbesserung der menschlichen Weltauffassung aber kann das Philosophieren nur sein, soweit und solange es unbescheiden um seiner selbst willen vollzogen wird: mit einem wachen Sinn für das bewegte Panorama der Einsichten, das sich dieser Tätigkeit öffnet. Nur wenn sie zweckfrei betrieben wird, hat die Philosophie einen Zweck. Der Weg ist das Ziel, wie viele weitere Ziele sich auf diesem Weg auch einfinden mögen.

Zu diesem Ziel ist unterwegs, wer aus seiner Position die Position eines Beliebigen zu erkennen versucht. Die das zum Beruf machen, tun dies, von dem größeren Aufwand und dem manchmal größeren Vergnügen abgesehen, nicht anders als alle anderen auch, mit dem kleinen Unterschied, daß sie aus ihrer bloßen **165** Überlegung auch noch Texte machen.

Dieter Thomä
›Die Welt, die Welt, ihr Esel! ist das Problem der Philosophie‹

I. Ein Problem für sich

Wenn ich sage, jemand ›mache sich seine Probleme selbst‹, so hat dies einen abfälligen Unterton: Da hat jemand, so will ich sagen, nichts Besseres zu tun, als sich Ärger einzuhandeln. Dessen Schwierigkeiten kommen, weil an ihnen etwas Künstliches, Gemachtes ist, noch nicht einmal in den Genuß, wirklich ernst genommen zu werden. Um dieser Lächerlichkeit zu entgehen, muß die Philosophie sich Problemen stellen, die sie nicht selbst erzeugt, von denen sie vielmehr heimgesucht wird. Und will sie in dieser Betroffenheit gewürdigt werden, so muß es sich dabei um Probleme handeln, die tatsächlich ihre eigenen sind, deren Behandlung ihr also zusteht. Damit gerät die Philosophie in eine für sie eher ungewohnte Situation. Denn man würde es eher verständlich finden, wenn sie es darauf anlegte, ihre Probleme mit der Welt zu teilen, statt sich krampfhaft innerhalb des eigenen Tellerrandes aufzuhalten.

Der Legitimationsdruck, der auf der Philosophie lastet, zwingt sie dazu, ihre Relevanz nachzuweisen. In einer zu klärenden Weise wird sie dieser Forderung auch entsprechen wollen, und doch liefe es ihrem Eigeninteresse zuwider, das *Philosophische* der Probleme, an denen sie laboriert, verloren zu geben. Was damit gemeint sein soll, dies ist – fast – die einzige Frage, der ich nachgehen will. Mein Beitrag beschäftigt sich also mehr mit dem Attribut des ›Philosophischen‹ als mit der Begriffsbestimmung von ›Problem‹. Das Bedürfnis, eigens ›philosophische‹ Probleme zu haben, werde ich in all seiner Befremdlichkeit zunächst auf starrsinnige Weise isolieren (II/III), um dann die Eigenart dieser Probleme zu erörtern (IV/V) und schließlich dem Verdacht, sie seien überflüssig, entgegenzutreten (VI). Am Ende folgen Erläuterungen zum Titel meines Beitrags (VII).

II. Interpretieren oder Verändern?

Die Frage nach dem Status philosophischer Probleme paßt in das Kielwasser von Marxens elfter »These über Feuerbach« – zumal dann, wenn man hinzunimmt, wie Günther Anders und Odo Marquard den Marxschen Originaltext variiert haben. Der erste sagte: »Heute genügt es nicht, die Welt zu verändern, es kommt darauf an, sie erst einmal zu bewahren.« Der zweite sagte: »Die Geschichtsphilosophen haben die Welt nur verschieden verändert; es kommt darauf an, sie zu verschonen.«[1] Hier werden gegenläufige Vorwürfe gegen die Philosophie erhoben: Einerseits wird – bei Anders und schon bei Marx – mangelnde Einmischung beklagt (»Die Antwort auf Feuer ist nicht Prometheus, sondern Wasser«, meinte Anders[2]), andererseits – bei Marquard – eine falsche Praxis gebrandmarkt, vor der die Welt in Schutz genommen werden müsse. Der erste Vorwurf greift den oben erwähnten Vorbehalt auf, daß philosophische Probleme folgen- und belanglos seien. Der zweite Vorwurf richtet sich gegen die Tendenz, Philosophie praktisch umzusetzen. Die beiden Vorwürfe verhalten sich also gegenläufig zueinander: Auf der einen Seite wird Relevanz eingeklagt, auf der anderen Seite vor ihr gewarnt.

Diesen Vorwürfen kann man zu entgehen versuchen, indem man auf einen beliebten Schlichtungsvorschlag zur Deutung der Marxschen These zurückgeht. Er geht aus von dem Hinweis, daß das von Marx geforderte Eingreifen in die Welt doch nicht aus dem Handgelenk erfolgen könne, sondern selbst auf Interpretationen basieren müsse. (Günther Anders' Abweichung von Marx – »Bewahren« statt »Verändern« – macht diesen Interpretationsbedarf indirekt deutlich.) Demnach sollten philosophische Interpretation und praktische Veränderung ihr Eigenrecht behalten und beide doch aufeinander bezogen sein. So wäre vielleicht nicht allen gedient, aber jedenfalls die Belanglosigkeit bloßer Interpretation bestritten *und* zugleich der von Marquard kritisierte Kurzschluß zwischen Philosophie und Praxis unterbrochen. Marx selbst legt jene Schlichtung nahe, indem er sagt, daß die Philosophen die Welt »nur« verschieden interpretiert hätten. Man könnte daraus schließen, der Fehler liege nicht in dieser Tätigkeit selbst, sondern in der Beschränkung darauf.

In der Tat ist die Verankerung von Veränderungen in Interpretationen unbestreitbar, wenn jedenfalls eine Veränderung nicht als naturwüchsiges Geschehnis, sondern als Handlung soll identifiziert werden können. Damit scheint die Unverzichtbarkeit des Interpretierens schon besiegelt, und weil das Geschäft der Philosophen, Marx zufolge, in nichts anderem als dem Interpretieren besteht, scheint damit auch die Eigenständigkeit philosophischer Probleme ebenso gesichert zu sein wie deren praktische Relevanz.

Diese für die Zunft beruhigende Auskunft beruht aber auf

einer unsauberen Begründung. Denn mag auch Interpretation für handelnde Veränderung unverzichtbar sein, so ist damit noch nicht gesagt, daß sie philosophisch sein müsse. Zu klären ist also erst, ob philosophische Interpretationen überhaupt einen Praxisbezug in diesem Sinne aufweisen.

Bei einer bestimmten Art von Philosophie scheint dies – folgt man Odo Marquards Argumentation – tatsächlich der Fall zu sein; dies freilich spricht dann, Marquard zufolge, gegen sie. Jedenfalls macht er in seiner Pointe gegen Marx gewisse »Geschichtsphilosophen« mit deren Interpretationen direkt für Veränderungen haftbar (die er für abträglich hält). Und er hat es darauf abgesehen, die Welt vor diesem verändernden Zugriff von Philosophen zu bewahren; genau vor ihm soll sie »verschont« werden. Wenn sich statt dessen die Philosophie in ihre Grenzen zurückziehen soll, halst sie sich freilich wieder den Verdacht der Belanglosigkeit auf. Ich will nun nicht darauf eingehen, wie Marquard diesen Verdacht auszuräumen sucht und eine eigene positive Bestimmung der Philosophie gibt; mich interessiert etwas anderes – nämlich die formalen Voraussetzungen seiner Kritik an der direkten Wirkung von Philosophie.

Die Frage ist, wie es überhaupt möglich sein kann, daß Veränderung direkt aus der Philosophie selbst hervorgehen kann, wie der Übergang von einer philosophischen Aussage zu einer Handlung erfolgen soll. Diese Frage hält den Zwiespalt, in dem die Philosophie steckt, offen: Denn in der *Möglichkeit* solcher Veränderung liegt ein Nachweis der Relevanz ihrer Probleme, während in der *Festlegung* auf diese Veränderung der Verlust ihrer Eigenständigkeit droht. *Pro domo*, also für die Philosophie gesprochen, wäre es am günstigsten, wenn man jenes ohne dieses haben könnte.

Wenn Marquards Vorwurf nicht schlechte Polemik sein soll, dann darf es ihm nicht nur um einen diffusen atmosphärischen Einfluß der Philosophie gehen. Nur weil er die Philosophie direkt für Veränderungen haftbar macht, kann sie für die von ihm so scharf formulierte Zurechtweisung überhaupt in Frage kommen. Seine Warnung vor der »Absicht, es gewesen zu sein«[3], richtet sich gegen eine Philosophie, die für das, was praktisch aus ihr folgt, als Urheberin verantwortlich ist.

Wie soll eine solche Verantwortung für Veränderung im strikten Sinne verstanden werden? Damit ein (philosophischer) Satz in dem von Marquard der Sache nach unterstellten Sinn zum (praktischen) Vorsatz und zur Tat werden kann, muß er – kurz gesagt – machbar sein. Die strengste Explikation dieses Zusammenhangs folgt dem Modell des praktischen Syllogismus, das Aristoteles eingeführt hat. Dessen Grundlage bilden zwei Sätze, von denen der eine eine allgemeine Norm aussagt und der andere einen Einzelfall identifiziert, auf den sie anwendbar ist. Im Vollzug dieses Syllogismus kommt man zu einem Schluß, den jemand, »wenn er es kann und nicht gehindert oder abgehalten wird, (...) gleichzeitig auch tun« muß (»Nikomachische Ethik« VII. 5, 1147a 31 ff.). Wenn ich Süßem nicht widerstehen kann und hier gerade ein Bonbon ist, dann greife ich zu. Wenn ich in allen Menschen Brüder und Schwestern sehe und dort hinterm Zaun mein Nachbar steht, dann sage ich zu ihm: ›Hallo, du!‹ Die Schlußfolgerung geht in diesem Syllogismus, falls äußere Widrigkeiten oder innere Hemmungen dies nicht verhindern, mit der Handlung zusammen. Satz und Vorsatz sind eins.

Wer darauf versessen ist, eigens ›philosophische‹ Probleme zu haben, kann diese Entwicklung, streng genommen, nicht gutheißen. Denn wenn ich am Süßen nasche oder den anderen grüße, bin ich schon nicht mehr als Philosoph, sondern als Esser oder Nachbar tätig. Das mag ja nett sein, philosophisch aber ist es nicht mehr, und ich setze mich dabei Anfechtungen und Anregungen eigener Art aus. Gegen diese Tendenz, von der Philosophie abzukommen, kann man zwei verschiedene Strategien anwenden, die ich kurz schildern will, um mich dann für eine von ihnen zu entscheiden und mit deren Hilfe den Sinn genuin philosophischer Probleme zu bekräftigen.

Die erste Strategie besteht darin, die tatsächliche Ausführung einer Handlung, also das, was Aristoteles das »gleichzeitige Tun« nennt, zur Lappalie zu machen. Wenn dem Handeln jede Eigenständigkeit – also auch die ihm eigene Fragilität oder *akrasia* – verlorenginge, wenn es nichts als verwirklichtes Denken wäre, dann würde durch diese zusätzliche Praktizierung eines Gedankens inhaltlich gar nichts hinzukommen. Sie wäre nicht der Rede wert. Damit käme es zu einer offensiven Isolierung der Philosophie in Form von deren Absolutsetzung. Nichts bliebe außer ihr. Diese Strategie nimmt Odo Marquard – mit kritischer Intention – ins Visier, wenn er die Veränderung der Welt direkt auf den Machbarkeitswahn gewisser Geschichtsphilosophen zurückführt. Zwar ist diese Phantasie von der vollkommenen rationalen Planung alles Lebens erstaunlich langlebig, doch schon Aristoteles hat sie mit Hinweisen sowohl auf äußere und innere Quertreibereien wie auch auf die Grenzen praktischer Rationalität zurückgewiesen. Mit dieser offensiven Strategie, die Praxis zu subsumieren, ist der Philosophie also gerade nicht gedient. (Und man darf getrost davon ausgehen, daß bei dem vielgescholtenen Marx eine Identifikation von Theorie und Praxis *in diesem Sinne* gar nicht vorgesehen war.)

Die zweite Strategie zur Verteidigung genuin ›philosophischer‹

Probleme geht in die Gegenrichtung: Sie empfiehlt die defensive Isolierung der Philosophie. Um deren Immunität und Autarkie zu gewährleisten, soll demnach prinzipiell ausgeschlossen sein, daß das Denken an ein ›gleichzeitiges Tun‹ gekoppelt wird. Auch wenn vorerst noch unklar ist, was man sich überhaupt davon versprechen soll, ›philosophische‹ Probleme abzusondern, kann man jedenfalls schon eine Bedingung angeben, die diese Art von Isolierung sicherstellt. Es muß unmöglich sein, philosophische Sätze mit dem zu verwechseln, was in der Welt getan wird; es darf nicht genügen, nur gewissermaßen die Anführungszeichen einer Rede wegzulassen, um aus Worten Taten zu machen. Sätze sollen von Vorsätzen getrennt bleiben. Um dies zu gewährleisten, gibt es eine radikale Lösung: die Flucht nach vorn. Ein Satz muß selbst schon ein solches Geschehnis in der Welt sein. Wenn ihm Tatcharakter anhaftet, dann bedarf er nicht der Vervollständigung durch etwas, was noch zu tun ist.

Diese Strategie halte ich für überzeugend; sie muß angewandt werden, wenn man auf so etwas wie ›philosophische Probleme‹ stoßen will. Philosophieren ist demnach als eine bestimmte Art sprachlichen Handelns aufzufassen. Es verändert die Welt, indem es auf begrifflicher Ebene in deren sprachliche Ordnung eingreift (s. u. Abschnitt VI). Demgemäß haben Karl Marx und Odo Marquard mit ihren eingangs angeführten Aussprüchen gleichermaßen unrecht: Weder kann man den Philosophen – mit Marx – *vorwerfen*, sie würden die Welt nicht verändern; noch kann man den Philosophen – mit Marquard – *empfehlen*, sie nicht zu verändern.

III. »Metaphysischer Krach«

Philosophie befaßt sich mit Sprache – in einem bestimmten Sinne. Es geht ihr nicht, wie der Literatur, um den Entwurf von Charakteren, die Inszenierung von Dialogen, das Fortspinnen von Geschichten, die Komposition von Atmosphären, die Artikulation von Gefühlen. Gefragt ist die Arbeit an Begriffen, eine Arbeit auf allgemeiner Ebene. Es geht nicht nur um Werther, sondern um die Liebe, nicht nur um meine gute Laune, sondern um das gute Leben, nicht nur um die Frage »Lieben Sie Brahms?«, sondern um die Musik, nicht nur um meine Ausreden, sondern um die Wahrheit, nicht nur um die Maus unterm Bett, sondern um die Angst, nicht nur (?) um dieses verhungernde Kind, sondern um die Gerechtigkeit. An diesen Alternativen tritt auch etwas Trauriges zutage, denn mag diese Wendung zum Allgemeinen auch ihren Sinn haben, so verliert sie doch die Tuchfühlung zum Einzelfall[4] und rettet niemandem das Leben. So kann man – ganz zu Recht – sagen, daß der Philosophie etwas schrecklich Vergebliches anhaftet. Es bleibt unendlich viel unbewältigt, unerledigt, was philosophisch nicht ›gekonnt‹ wird. Dies spricht nicht gegen die Philosophie – oder nur dann, wenn sie es versäumt, das Bewußtsein von ihren eigenen Grenzen zu schärfen und das, was in ihrem Rahmen zu leisten ist, zu tun.

Wenn bei der Bewegung der Begriffe Probleme auftreten, dann kommt es zu dem, was Robert Musil als »metaphysischen Krach« bezeichnet hat.[5] Man kann sich diesen Krach so vorstellen wie das Knacken von Holz, das ›arbeitet‹. Und wie bei Holz, so ist auch bei der Sprache der Krach besonders groß, wenn sie schlecht verarbeitet ist und sozusagen frisch festgenagelt wird.

Die Probleme bei Begriffsverwendungen, mit denen Philosophen befaßt sind, können nicht einfach dadurch gelöst werden, daß die Begriffe flächendeckend auf empirische Befunde zurückgeführt werden und damit die sprachliche Selbstverständigung an die kurze Leine gelegt wird. Deshalb eben handelt es sich bei philosophischen Problemen nicht um »physischen Krach«. Philosophie geht aus von der Unersetzbarkeit und Unabschließbarkeit sprachlicher Selbstverständigung, zu ihr gehört die – ein bißchen unheimliche – Einsicht, daß unser Versuch, mit dem Leben zurechtzukommen, sich auf Begriffe stützt, die in ihm keinen festen Halt haben. Auf dem Spiel stehen nicht nur Diskurse und Codes, die man im Sinne der Ideologiekritik entlarven, im Sinne des Konstruktivismus auf Distanz halten oder im Sinne des »new historicism« neu erfinden könnte, sondern symbolisch gestützte Lebensformen, deren Infragestellung Verlustangst, deren Beibehaltung aber auch Platzangst auslösen kann.

Der Philosoph legt kein privates Repertoire von Begriffen an, er schaut ihnen vielmehr zu. Sokrates, Hegel, sogar Nietzsche (»Plötzlich [wird] Etwas *sichtbar*«) und sowieso Wittgenstein (»Denk nicht, sondern schau!«) sind sich darin einig, daß die philosophische Tätigkeit wesentlich betrachtend (kontemplativ, theoretisch) ist.[6] Die Sprache arbeitet, und die philosophische Leistung liegt in deren mal hingebungsvoller, mal angestrengter Betrachtung, welche eine gewissermaßen belebende Wirkung auf die Begriffe hat. Wörter allein – Glück, Gerechtigkeit, Wahrheit etc. – haben ein faules Flair. Sie stehen da wie Ölgötzen. In Bewegung kommen sie erst, wenn sie verwendet werden, in immer wieder verschiedenen Zusammenhängen auftreten. – Und dabei eben werden sie beobachtet und gelegentlich ertappt.

IV. Klarheit und Komplexität

Die Probleme, die bei der Verwendung der Begriffe erkennbar werden, fallen in einen regionalen und einen überregionalen Bereich.

Auf *regionaler* Ebene werden Begriffe dann eine Plage, wenn sie, so wie sie an dieser Stelle eingesetzt sind, nicht wie erwünscht zusammenpassen und -arbeiten. Die philosophische Betrachtung kann hier erleichternd wirken, wenn sie Unklarheiten erkennbar macht und vermeiden hilft, welche sich mit einer Redeweise eingebürgert haben. Beispiele hierfür sind etwa (nach meinem hier bloß verkündeten und nicht begründeten Dafürhalten) die Frage nach dem ›Sinn des Lebens‹ und die Idee der ›Selbstverwirklichung‹: Sowenig der ›Sinn‹ zum ›Leben‹ paßt, sowenig paßt die Idee der ›Verwirklichung‹ zum ›Selbst‹.[7] Mit letzterem hat man regelmäßig seine liebe Not, zumal wenn das »Selbst« unter dem Titel »Identität«, etwa als »kollektive« oder »nationale Identität«, über die Stränge schlägt.

Die nächstliegende Reaktion besteht dann darin, die Kriterien, die man in bestimmten Grenzen geklärt und festgelegt hat, aufs Hinterland zu übertragen und zu verallgemeinern. Man versucht, Konsistenz zu sichern. Deshalb legt man nicht nur Protest ein, wenn ein Begriff – wie im Falle der ›Identität‹ – im Laufe seiner Verwendung fahrlässig ausgeleiert wird, sondern auch dann, wenn ein Begriff, der in einem bestimmten Zusammenhang eine tragende Rolle spielt, in einem anderen, homologen Zusammenhang sang- und klanglos unterschlagen wird. (Diesen Protest kennt man etwa vom Geltendmachen ›bürgerlicher‹ Rechte für alle Menschen, also nicht nur für Bürger, sondern auch für Arbeiter, nicht nur für Weiße, sondern auch für Schwarze, nicht nur für

Männer, sondern auch für Frauen.) Wenn man auf diese Weise hinter Verschiedenheiten das Einigende erkennt, kann es gelingen, entfernte Phänomene wieder in einem Bereich (in einer Begriffs-›Region‹) zusammenzubringen. Doch damit ist nicht aller Probleme Abend.

Häufig ist man zu dem Eingeständnis gezwungen, daß eine solche Vereinheitlichung erzwungen wäre, daß Begriffe, die an einer Stelle eine spezifische plausible Rolle spielen, sich im *überregionalen* Bereich verwandeln. Natürlich ist die Warnung, die Platon im Zusammenhang mit seiner Schriftkritik geäußert hat, ernst zu nehmen: daß nämlich Begriffe, sobald sie über eine einzelne Rede-Situation hinausgehen, »umherzuschweifen« beginnen, um sich hier oder dort, Hals über Kopf, ins Spiel zu bringen (»Phaidros«, 275e). So mahnt uns auch Sigmund Freud, »nicht (zu) vergessen, (…) daß es nicht nur bei Menschen, sondern auch bei Begriffen gefährlich ist, sie aus der Sphäre zu reißen, in der sie entstanden und entwickelt worden sind«.[8] Dies ist aber ebenso gefährlich wie unvermeidlich. Die Begriffe reichen über ihren Einsatzort hinaus, ohne dort schon endgültig zurechtgetrimmt worden zu sein, und das heißt auch: Das Leben läßt sich in ihnen nicht genau treffen. Man gerät ins Offene, in die Gegend zwischen Ordnungen, und dies ist der Sprache selbst geschuldet. Wenn wir jetzt und hier etwas genau sagen können, so hindert die Sprache uns doch daran, mit dem, wie wir gerade sind, identisch zu sein. Hier paßt der Satz aus Shakespeares »King Lear«, den Wittgenstein als Motto für sein Werk erwogen hat: »I'll teach you differences.«

Beide Gesichtspunkte – *regionale und überregionale* – sind gleichermaßen gerechtfertigt. Damit wird der Eigenart von Begriffen Rechnung getragen, daß sie in spezifischen Kontexten zum Einsatz kommen, aber nicht an einer Stelle festgenagelt sind. Dieser Doppelung entsprechen nun in der Philosophie zwei Umgangsweisen: der Versuch, für *Klarheit* zu sorgen, und der Versuch, *Komplexität* zu wahren[9].

Das Verhältnis zwischen diesen beiden Umgangsweisen sei kurz an einem Beispiel erläutert, nämlich anhand der Debatte, ob wir moralische Pflichten gegenüber Tieren haben. Hier lassen sich zwei Argumentationslinien unterscheiden, bei denen Klarheit und Komplexität in jeweils unterschiedlicher Weise ins Spiel kommen.

Gemäß der ersten Argumentationslinie wird die Moral zunächst an einem einfachen Prinzip ausgerichtet: der Pflicht zur Leidensvermeidung. Damit ist auf der Begründungsebene Klarheit geschaffen, man handelt sich jedoch an anderer Stelle komplexe Probleme ein. Daß der Mensch sich nun nämlich auf der gleichen Ebene wie das Tier wiederfindet, ist ihm vielleicht doch nicht ganz genehm; er mag sich schwertun, diese Tatsache angesichts des Sonntagsbratens zu beherzigen. **177**

Die zweite Argumentationslinie erspart dem Menschen dieses Hadern. Ihr zufolge hat sich die Moral an der »Würde« einer »Person« zu orientieren, und damit ist für Klarheit gesorgt, was die Unterschiede bei den moralischen Pflichten gegenüber Menschen resp. Tieren betrifft. Und doch entkommt man damit der Komplexität nicht, denn wenn sich nun auch die Abgrenzung vom Tier vereinfacht, wird zugleich die Begründung von »Würde« und »Person« in der Binnenperspektive prekär; die Debatten um Abtreibung und Gentechnik legen davon Zeugnis ab.

Bei den mit Hilfe dieses Beispiels nur illustrierten Eingrenzungen und Ausuferungen der Begriffe sind Probleme zu bewältigen, wie sie – anders und mit Sokrates gesagt – sonst ein Koch hat. So wie dieser beim Tranchieren einer Gans oder beim Filetieren eines Fischs nicht einfach die Knochen oder Gräten durchtrennen und das Fleisch zerfetzen soll, so muß der Philosoph »nach Begriffen (…) zerteilen können, gliedermäßig wie jedes gewachsen ist«. Und zum Unterscheiden (= *krinein*) und Kritisieren gehört zugleich das Verbinden und Kombinieren, mit dem das »überall Zerstreute« in den Blick genommen wird. Wer die Fähigkeit beherrscht, »zu sehen, was in eins gewachsen ist und in vieles, dem folg' ich wie eines Unsterblichen Fußtritt« (»Phaidros«, 265e).

Die Doppelung in Klarheit und Komplexität führt dazu, daß Philosophen in der Geschichte einerseits dem Vorwurf ausgesetzt waren, den Phänomenen durch strenge Schematisierungen ihren Reichtum zu rauben, andererseits auch dem Vorwurf, keine klaren Antworten anbieten zu können. Diesen zwei Vorwürfen hat die Philosophie lange Zeit mit dem Gedanken des *Systems* zu erwidern versucht, in dem alle Phänomene verlustfrei aufgenommen und zugleich miteinander verbunden sein sollten. Dieser Gedanke ist erschöpft (die Begründung für das Scheitern des System-Gedankens, die sich unter anderem auf Überlegungen Kierkegaards und Wittgensteins stützen kann, läßt sich hier nicht ausführen). Deshalb liegt die Stelle, die vom System besetzt gehalten wurde, gewissermaßen blank – die Stelle also, an der Klarheit und Komplexität sich gegeneinander wenden.

Philosophen mögen die Klarheit steigern oder die Komplexität erhöhen, wenn sie sich um einzelne Probleme bemühen; nun stößt man aber, eben an jener blanken Stelle, auf ein Problem, von dem die Philosophie nicht nur um der Sachfragen, sondern auch um ihrer selbst willen berührt ist: Wenn sie den Ansprüchen, die ihr auferlegt sind, genügen will, sieht sie sich bei der Beschäftigung mit der Welt grundsätzlich herausgefordert, beiden Seiten

gerecht zu werden: der Klarheit und der Komplexität, der Ordnung und dem »wilden«[10] Sein. Die Spannung zwischen diesen
zwei Seiten auszuhalten und auszutragen – dies ist, über Einzel-
fragen hinaus, nichts anderes als *das* philosophische Problem
schlechthin. Und wenn sie mit dieser Spannung umgeht, sieht die
Philosophie sich selbst aufs Spiel gesetzt, wirbt also immer auch
für ihre Haltung zur Welt, mit der sie den Phänomenen gerecht zu
werden meint.

V. Flucht aus dem Begriff

Üblicherweise bringt ein Problem den Wunsch auf, sich vor ihm
zu drücken. Entsprechend gehört zu *dem* philosophischen Problem, dem Verhältnis zwischen Komplexität und Klarheit, eine
Fluchtphantasie der Philosophie: Sie flieht vor sich selbst.

Bei Ludwig Wittgenstein läßt sich der Fluchtweg besonders
deutlich erkennen. Er hat dem Ausufern und Ausschweifen der
Begriffe mit seiner Theorie der Sprachspiele in besonderer Weise
Rechnung getragen, zugleich war er getrieben von der Sehnsucht,
daß die Sprache und mit ihr das Leben ganz unproblematisch
(auch: unphilosophisch) funktionieren mögen. Einerseits hat er
wie kaum ein zweiter der Doppelung in Komplexität und Klarheit
Anerkennung gezollt. Andererseits lauert in seiner Philosophie
ein Wunsch, mit sich im reinen zu sein, welcher sich letztlich am
Leiden des Begriffs an sich selbst nährt. Die Linderung dieses Lei-
dens kann dann nur von einer Flucht vor dem Begriff und den mit
ihm verbundenen Problemen erwartet werden, also von einem
Kampf der Philosophie gegen sich selbst. Deshalb hat der Versuch,

begriffliche Probleme zu lösen, bei Wittgenstein (und nicht nur bei ihm) eine technische (›Auflösung‹) und eine religiöse Seite (›Erlösung‹). Das ›Wort‹ soll ›Fleisch‹ werden, auf daß es sich beruhigt und man sich nicht mehr nervös plagt.

Für Wittgenstein erfüllte sich jener Wunsch, mit sich im reinen zu sein, u. a. in der Bucht von Killary Harbour im Sommer 1934; bei anderen nahm diese Flucht markantere Formen an: Jean-Jacques Rousseau führte sie auf die Petersinsel (wie in den »Rêveries d'un promeneur solitaire« beschrieben ist), Theodor W. Adorno »sur l'eau« (wie im 100. Stück der »Minima Moralia« nachzulesen ist).[11]

Es wäre falsch, den Philosophen diese Fluchtfigur einfach auszureden. Sie gehört notwendig zu dem Problem dazu, das sie nährt. Das Leiden der Philosophie an sich selbst ist kein grüblerischer Masochismus; wenn es fehlte, wäre zu befürchten, daß sie nur noch ihrem Begriffsgeklingel lauschte. Dann dächte sie – kurz gesagt – in die eigene Tasche, und darüber hinaus würde sie sich der Gefahr aussetzen, bei der Beschreibung des menschlichen Lebens den Stellenwert von dessen begrifflicher Seite (zu der sie selbst gehört) zu überschätzen. Nicht wenige Philosophen leiden unter der *déformation professionelle*, die Sphäre der Begriffe zu wichtig zu nehmen: »Was die Philosophen über die Wirklichkeit sagen, ist oft ebenso irreführend, wie wenn man bei einem Trödler auf einem Schilde liest: Hier wird gerollt [d.h.: die Wäsche gemangelt; D.Th.]. Würde man mit seinem Zeug kommen, um es rollen zu lassen, so wäre man genasführt; denn das Schild steht bloß zum Verkaufe aus.«[12]

VI. Ausflug ins freie Feld, nicht Rückzug auf die Sprache

Von Wittgenstein stammt die (in diesem Band wohl nicht nur von mir zitierte) kürzeste Einlassung zur Sache: »Ein philosophisches Problem hat die Form: ›Ich kenne mich nicht aus.‹«[13] Probleme dieser Art kann man nicht einfach erledigen, indem man sich im Sinne der im vorigen Abschnitt geschilderten Flucht auf intakte Stellen zurückzieht; sie sind für das Leben zu klein. Diese Einsicht bringt die Fluchtbereitschaft nicht zum Erlöschen; sie beseitigt auch nicht den Überdruß, von dem (nicht nur) Wittgenstein angesichts verselbständigter philosophischer Begriffsverwirrungen befallen worden ist. Unerfüllt bleibt aber die Hoffnung (oder Befürchtung), man könne sich damit philosophischer Probleme endgültig entledigen, von ihnen, wie von einer Krankheit, geheilt werden. Hölderlin: »Und wie nur der in seiner Stube sich gefällt, der auch im freien Felde lebt, so kann ohne Allgemeinsinn und offnen Blick in die Welt auch das individuelle, jedem eigene Leben nicht bestehen.«[14]

Sobald Menschen nur ein gewisses Bedürfnis danach verspüren, angeben zu können, was man meint, wenn man von gutem Leben, gerechtem Krieg, Liebe, Wahrheit etc. redet, geraten sie auf das von Hölderlin benannte »freie Feld«, auf dem philosophische Probleme anzutreffen sind. Hegel zufolge wird genau dann »Ernst mit der Philosophie gemacht (…), wenn sie sich an das Gang und Gäbe wendet«.[15] Im Sinne dieses »Ernstes« ist ausgeschlossen, daß man nach Gutdünken darüber verfügen könnte, ob es philosophische Probleme gibt oder nicht. Wenn die Philosophie »das Bekannte zu *denken*«[16] hat, dann muß sie sich von ihm auch ihre Probleme vorgeben lassen. Sie sind nicht *hausgemacht*, man wird von ihnen vielmehr *heimgesucht*. Adressaten dieser Heimsuchung sind nun aber nur diejenigen, die von der Betrachtung dieser begrifflichen Ebene hingerissen werden; ihnen, den Philosophierenden, kommt, ob sie es wollen oder nicht, diese Betroffenheit exklusiv zu (und nur manche unter ihnen machen sie zu ihrem Beruf). Insoweit sind die zwei Bedingungen erfüllt, die ich eingangs (s.o. Abschnitt I) formuliert habe: daß es sich um philosophische *Probleme* (nicht nur künstliche Bredouillen) und um *philosophische* Probleme (im Unterschied zu irgendwelchen anderen Problemen) handeln muß.

Die Bestimmung philosophischer Probleme, die ich favorisiere, mag als Rückzug auf die Sprache gewertet werden. In der Tat geht es um sprachliche Erwägungen, doch das Wort ›Rückzug‹ trifft nun überhaupt nicht. Es verleitet zu der Einschätzung, es handle sich hier um eine resignative Wendung, die damit ende, daß man es sich in einer begrifflichen Fluchtburg gemütlich macht. Das genau habe ich nicht im Sinn, vielmehr die Feststellung, daß Philosophie – durchaus selbstbewußt – nichts mehr oder anderes bieten kann als sprachliche Erwägungen; weil sie aber *sowieso* nicht anders *ist*, ist es schlechterdings unmöglich, daß sie darauf erst infolge eines Rückzugs *kommt*.

Insofern gibt es keinen Widerspruch zwischen der Sprachhaftigkeit und der Welthaltigkeit der Philosophie, und deshalb ist »die Welt das Problem der Philosophie« (zur Herkunft dieser Wendung s. u. Abschnitt VII). Sie ist zuständig für eine *bestimmte* Art, sich der Welt anzunehmen, und diese ist von handgreiflicheren Varianten ebenso zu unterscheiden wie von anderen Sprachformen (etwa der lyrischen oder narrativen Rede). Im Glücksfall tut die Philosophie, was sie kann, und das heißt: sie beeinflußt unser begrifflich organisiertes Selbstverständnis, das von dramatischer Bedeutung dafür ist, wie wir die Sachen (= *pragmata*) sehen und mit ihnen umgehen (= *prattein*). Gerade wenn man zu dem Eingeständnis gelangt, daß das Philosophieren sich *nicht* direkt in weitere Praxis umsetzt, nimmt es Einfluß darauf, wie es uns in der Welt ergeht.

VII. Nachbemerkung

Eine Erläuterung ist nötig zum Titel meines Beitrags. Es handelt sich um ein Zitat aus dem handschriftlichen Nachlaß Arthur **183** Schopenhauers. Dort heißt es: »Die Spaßphilosophen kennen nicht ein Mal das *Problem* der Philosophie. Sie vermeinen, es sei *Gott*. Von dem gehn sie, als einem Gegebenen, aus, mit dem haben sie es durchweg zu tun, ob er in der Welt, oder draußen sei, ob er sein eignes Selbstbewußtsein habe, oder sich des der Menschen bedienen müsse, und solche Possen ohne Ende. Die *Welt, die Welt*, ihr Esel! ist das Problem der Philosophie, die Welt und sonst nichts!« Die Kenntnis dieser Stelle verdanke ich Hans Blumenberg, der bemerkt, bei Schopenhauer komme hier ein »Anfall von Müdigkeit an der eigenen idealistischen Komponente« zum Ausdruck.[17] Mit dieser Deutung hat es freilich eine eigene Bewandtnis.

Eigentlich setzt Schopenhauer die Wendung zur »Welt« nicht gegen den eigenen Idealismus, sondern gegen diejenigen, die beim »Spaß« mit Gott Scheinprobleme wälzen. An Selbstkritik – und sei es auch nur verhohlene – ist hier nicht gedacht. Die von Blumenberg bemerkte »idealistische Komponente« läßt sich vielmehr gerade in jenem schönen Ausspruch selbst wiederfinden. Man kann ihn textintern nämlich am plausibelsten so deuten, daß die Welt für Schopenhauer etwa in derselben Weise ein Problem ist wie für andere Menschen die Mücke in der Nacht: ein Problem also im Sinne einer Störung. Ich habe zu zeigen versucht, daß diese Auffassung nicht sehr weit führt (s. o. Abschnitt V). Schopenhauer selbst hat sich jedoch bemüht, mit diesem seinem Problem, der Welt, so umzugehen, daß er es beseitigt. Wenn man den Satz, die Welt sei das Problem der Philosophie, so versteht, dann freilich habe ich mit ihm – ein philosophisches Problem (das mit meinen methodischen Zweifeln daran zu tun hat, daß man die Welt in dem von Schopenhauer erwogenen Sinn schlechthin verneinen und verwerfen könnte). Aber das ist ein anderes Thema.

Anmerkungen

[1] E. Schubert (Hg.), *Günther Anders antwortet* (Berlin 1987), S. 46; O. Marquard, *Schwierigkeiten mit der Geschichtsphilosophie* (Frankfurt a. M. 1973), S. 13.

[2] Dieses Zitat aus dem Nachlaß wird veröffentlicht in: G. Anders, *Über Heidegger* (München 2001).

[3] Marquard, a. a. O., S. 8, 67 ff.

[4] »Das Interesse, das wir an der Philosophie haben mögen, [wird] durch das Bewußtsein in Grenzen gehalten, daß wir und die Welt, in der wir leben, unendlich viel reicher sind, als irgendeine Philosophie auch nur annähernd darstellen kann.« (A. C. Danto, *Wege zur Welt* [München 1999], S. 60)

[5] R. Musil, *Gesammelte Werke. Essays und Reden. Kritik* (Reinbek 1978), S. 1357 (»Der deutsche Mensch als Symptom«).

[6] Vgl. F. Nietzsche, *Kritische Studienausgabe*, Bd. 6. (München u. a. ²1988), S. 339 f. (»Ecce Homo«); L. Wittgenstein *Werkausgabe*, Bd. 1. (Frankfurt a. M. 1984), S. 277 (»Philosophische Untersuchungen«, § 66). Der Einwand, als bloßes Betrachten sei das Philosophieren doch kein Handeln, führt übrigens in die Irre. Da dieses Betrachten sprachliche Prozesse freisetzt, darf es als auslösendes Handeln im strengen Sinn gelten.

[7] Zur Kritik der »Selbstverwirklichung« vgl. D. Thomä, *Erzähle dich selbst* (München 1998), S. 67.

[8] S. Freud, *Das Unbehagen in der Kultur* (Wien 1930), S. 134.

[9] Diese zweite Aufgabe liegt in dem Bereich, den Hans Ulrich Gumbrecht im Anschluß an Niklas Luhmann den »Intellektuellen« zuteilt: sie seien, so meint er, für die »Produktion von Komplexität« zuständig und sollten gegen die »institutionalisierten Weltdeutungen und Praxisformen (…) Dispositive zur Produktion von gegenintuitiven Begriffen und Vorstellungen« entwickeln (H. U. Gumbrecht, Riskantes Denken. Intellektuelle als Katalysatoren von Komplexität. In: *Neue Zürcher Zeitung*, 13./14. 1. 2001, S. 84).

[10] Vgl. M. Merleau-Ponty, *Das Sichtbare und das Unsichtbare* (München 1986), S. 138 f. u. ö.

[11] Zu Wittgensteins Entspannung im einfachen Leben vgl. R. Rhees (Hg.), *Ludwig Wittgenstein, Porträts und Gespräche* (Frankfurt a. M. 1987), S. 176–181; J.-J. Rousseau, *Œuvres complètes (Pléiade)*, Bd. 1. (Paris 1959), S. 1045 ff.; Th. W. Adorno, *Minima Moralia* (Frankfurt a. M. 1975), S. 207 f.

[12] S. Kierkegaard, *Entweder/Oder*, Erster Teil. (Düsseldorf 1956), S. 34.

[13] Wittgenstein, a. a. O., S. 302 (»Philosophische Untersuchungen«, § 123).

[14] F. Hölderlin, *Sämtliche Werke und Briefe*, Bd. II. (München/Wien 1992), S. 725 (Brief vom 31. 12. 1798/1. 1. 1799).

[15] G. W. F. Hegel, *Werke in zwanzig Bänden*, Bd. 2. (Frankfurt a. M. 1970), S. 558 f.

[16] Ebd.

[17] A. Schopenhauer, *Der handschriftliche Nachlaß*, Bd. 4, I. (München 1985), S. 302; H. Blumenberg, *Ein mögliches Selbstverständnis* (Stuttgart 1997), S. 10 (der Eintrag Schopenhauers stammt nicht, wie Blumenberg meint, aus dem Jahr 1843, sondern aus dem Jahr 1847).

Bernhard Waldenfels
Übergänge ins Unvertraute

186 Die Frage nach dem spezifischen Charakter eines philosophischen Problems, die uns allzu leicht auf die Bahnen einer Problemlösung führt, möchte ich umformen in Fragen wie: »Was ist eine philosophische Frage, eine philosophische Sichtweise, ein philosophischer Satz?« oder: »Was tut der Philosoph, wenn er philosophiert?«, »Was steht beim Philosophieren auf dem Spiel?«. Behandeln möchte ich die Frage, indem ich von drei Gesichtspunkten ausgehe: der Abgrenzung der Philosophie von anderen vergleichbaren Wissensbestrebungen, der Selbstbezüglichkeit des philosophischen Fragens und dem Verhältnis der Philosophie zu ihrer eigenen Herkunft.

I

Da Philosophen vieles tun, was auch andere tun, stellt sich die Frage nach der Abgrenzung von anderen Wissensformen, Praktiken und Techniken. Daß Philosophie nicht mit Vielwisserei und Vielgeschäftigkeit zu verwechseln ist, war den Gründern der Philosophie von Anfang an bewußt. Selbst ein Fragen, das sich am Ganzen der Welt und des Lebens orientiert und bis auf erste Prinzipien zurückgeht, etabliert sich in der Form der Abgrenzung. Als erstes bietet sich die Leitdifferenz *wesentlich/zufällig* an. Es geht dann nicht darum, ob eine Sonnenfinsternis stattgefunden hat, ob ein bestimmtes Gesetz oder Verhalten gerecht ist, ob dieser mit jenem in der Stadt befreundet ist, sondern darum, was eine Sonnenfinsternis, was Gerechtigkeit und Freundschaft überhaupt ist und warum oder wozu etwas so ist, wie es ist. Eine solche Wesens- und Ursachenforschung macht vor den Bereichen der Naturprozesse, der Institutionen und der Kunstformen nicht halt. Als »*Spezialist des Allgemeinen*«, so Paul Valéry, mag der Philosoph eine eigene Radikalität und Kunst des Fragens entwickeln, eine ureigene Domäne gewinnt er so nicht. Er weiß, was alle anderen unter geeigneten Umständen ebenfalls wissen können, und hier zeigt sich auch eine sachliche Nähe zu einem demokratisch verfaßten Gemeinwesen. Philosophen sind weder Experten, noch bilden sie eine Herrscherkaste, Platons Liebäugeln mit dem Philosophenkönig zum Trotz. Nicht umsonst sind Philosophie und Demokratie einem gemeinsamen Boden entsprungen. Die konstitutive Scheidung alles Wißbaren in Wesentliches und Beiläufiges beruht allerdings auf einer gewichtigen Voraussetzung, nämlich auf der einer dauerhaften Ordnung, die einst Kosmos hieß. Das Wesen, dem der Philosoph nachforscht, verleiht jedem Einzelwesen nicht nur seine Eigenart, sondern darüber hinaus seinen Ort im Ganzen. ›Wesensschau‹ bedeutet zugleich ›Weltschau‹, betätigt von einem Kosmotheoros.

Dieser Gesamtschau entzieht sich der Boden, wenn Kontingenz sich nicht auf die Verwirklichung einer solchen Gesamtordnung beschränkt, sondern sich in der Ordnung selbst einnistet. Ordnungen, die »es gibt« und die auch anders sein könnten und die spezifischen, zu einem gewissen Grad auch wandelbaren Gesetzen unterliegen, schaffen Raum für »Experten des Allgemeinen«, wie wir sagen könnten. Der Philosoph der Moderne sieht sich einem Meer von mehr und mehr auch technisch aufgerüsteten Experten gegenüber. Worüber er auch nachdenken mag, ob über Leib und Leben, Gerechtigkeit und Eigennutz, Zeit und Raum, Wahrnehmung und Erinnerung, Bild und Zeichen, stets sind schon andere mit ihrer spezifischen Methodik zur Stelle. Will er seine Eigenbefugnisse bewahren, muß er die Grenzen anders ziehen. Ein Weg, der seit langem versucht wird, besteht darin, Wesensgestalten, in denen das Wirkliche zu sich selbst kommt, durch bloße Möglichkeitsbedingungen zu ersetzen. Die neue Leitdifferenz heißt dann *transzendental/empirisch* (oder auch *begrifflich/empirisch*), und das Fragefeld sondert sich in Rechtsfragen der Gültigkeit, für die in letzter Instanz der Philosoph zuständig ist, und Tatsachenfragen, die den Experten vorbehalten bleiben. So sondert sich die Kausalitätskategorie von Kausalgesetzen, die Anschauungsform der Zeit von der Chronologie der Uhren, Kalender und Epochen, die Gerechtigkeitsforderung von Rechtssystemen und so fort. Doch dieser Rettungsversuch ist mit deutlichen Verlusten erkauft. Einige seien genannt. Der Rekurs auf formale Möglichkeitsbedingungen, die sich den konstruktiven Bedingungen technischer Herstellung annähern, führt zu einer Ausdünnung der Erfahrung. Dem minimalistischen Zuschnitt auf eine Methode des *sine qua non* entgleitet die Eigendynamik materialer Ordnungen und ihrer Erfindungen. Das forensische Modell, das lediglich die Gültigkeit theoretischer und praktischer Stellungnahmen zu überprüfen erlaubt, kann von sich aus keine Motivationskraft entwickeln; ein Vernunftinteresse wird lediglich unterstellt. Eine

Universalität von Maßstäben, die als Gegenkraft nur die Besonderheit, nicht die Singularität fremder Ansprüche in Betracht
zieht, tendiert dazu, den Gesichtspunkt der Universalität in einen
universalen Gesichtspunkt umzudeuten, der zwanghafte Züge an-
nimmt.

Abgesehen von solchen internen Schwierigkeiten verfehlt eine
transzendentale Abschottungspolitik jenen Bereich mittlerer Ordnungen, der sich in Form von Lebenswelten, Lebensformen,
Sprachspielen, Sinnprovinzen, Rahmenbildungen, Regelsyste-
men, Paradigmen und Diskursen darstellt und dessen Maßstäbe
durch das Raster »wesensnotwendig/zufällig« ebenso hindurch-
fallen wie durch das Raster »transzendental/empirisch«. Kontin-
gente, historische und leibhafte Formen des Apriori, die hier auftreten, liegen bestimmten Erfahrungen voraus, aber nicht
jeglicher Erfahrung. Was sich auf dieser mittleren Ebene etabliert,
läßt sich dem anonymen »es denkt« einer *spontanen* oder *impliziten Philosophie* zurechnen; diese entfaltet eine eigene Erfindungs-
kraft, die der philosophischen Klärung und der empirischen Be-
währung bedarf, aber weder durch die eine noch durch die andere
zu ersetzen ist. In diesem weiten Sinne sind Darwins Entwick-
lungslehre, Freuds Konzeption des Unbewußten, Einsteins Relativitätstheorie, die Gesetze der Gestalttheorie, Saussures Linguistik,
aber auch Cézannes Malversuche, politische Verfassungen oder
das römische Recht durchaus als philosophisch zu bezeichnen. In
diesem Bereich mittlerer und variabler Allgemeinheiten über-
schneidet sich ein experimentierendes Denken mit wissenschaft-
lich-technischen oder künstlerischen Experimenten bis hin zu
wechselseitigen Antizipationen. Doch auch Überschneidungen
setzen Differenzen voraus. Wie könnte eine Leitdifferenz aussehen, die sich weder einer Gesamtordnung einfügt, noch sich an

eine Grundordnung anlehnt? Mein Vorschlag wäre die Differenz *ordentlich/außer-ordentlich* oder *normal/anomal*. Sie bildet das Scharnier von Ordnungen, die zugleich ermöglichen und verunmöglichen, bestimmte Möglichkeiten erschließen, andere ausschließen.

Auch die genannte Differenz bildet beileibe kein Monopol der Philosophie. Sie äußert sich in Revolutionierungen und Normalisierungen der verschiedensten Art, selbst der Alltag hat seine Kehrseite des Unalltäglichen. Was das philosophische Fragen auszeichnet, könnte darin bestehen, daß es sich weder im Bereich normaler Ordnungen aufhält noch geradewegs zu einer anderen Ordnung überwechselt, sondern an den Grenzen der jeweiligen Ordnung verweilt und den Spalt offenhält, wo Vertrautes sich verfremdet. Das erfordert eine Gratwanderung. Auf der einen Seite droht der Absturz in einen *Normalismus*, das heißt in eine Normalordnung, die ihre eigene Herkunft verleugnet. Die heute wirksamste Form des Normalismus scheint mir die funktionalistische Variante, in der die Frage nach dem Was, Woher, Wozu und Worauf unserer Erfahrung beantwortet wird mit dem Hinweis auf das Daß und Wie funktionierender Ordnungen. Klassische Ansprüche der Philosophie werden nicht mehr bestritten, wie im Szientismus des 19. Jahrhunderts, sie laufen buchstäblich ins Leere, wenn die Differenz zwischen dem, was modellförmig konstruiert wird, und den Modellen und Konstrukten selbst verschwindet. Dies hat zur Folge, daß erlebte Phänomene und praktizierte Regeln auf modelladäquate Operationen zugeschnitten werden, so daß der Philosophie bestenfalls die Resteverwertung bleibt. Erinnern und Vergessen nähern sich Speicherungs- und Löschvorgängen an. Gefühle werden maschinellen Bedarfsmeldungen angeglichen. Fragen reduzieren sich auf den Abruf von

Daten. Sterben wird mit dem Hirntod gleichgesetzt. Moralität verwandelt sich in Sollzustände eines Systems, die sich auf soziale Akzeptanz stützen. Dieser Reduktionismus ist natürlich nicht den Modellen anzulasten, wohl aber der Art des Umgangs mit ihnen und nicht zuletzt kryptophilosophischen Nutznießungen. Der Philosophie wächst eine neue kritische Aufgabe zu, indem sie dort, wo der alte, dialektische Widerspruchsgeist seine Macht verliert, den Sinn weckt und wachhält für das, was den Rahmen technisch induzierter und pragmatisch eingeübter Ordnungen *überschreitet* und von deren Normalität *abweicht*. Dabei wäre aber auch das Gegenextrem eines *Extremismus* oder *Marginalismus* zu vermeiden, das dort droht, wo Überschreitung und Abweichung selbst zur Regel werden und die Kühnheit und Abweichung durch einen »Automatismus der Kühnheit« abgelöst wird. Als Spezialist für Extravaganzen würde der Philosoph sich selbst ins Abseits stellen. Verfremdung würde in Exotik oder Esoterik ausarten.

II

Als weiteres Merkmal philosophischen Fragens erscheint seine Selbstbezüglichkeit, die sich in diversen Paradoxien bekundet. Wie sollte die grundlegende Frage, was ein philosophisches Problem sei, anders beantwortet werden als philosophierend? Würde die Beantwortung der Frage auf eine Metadisziplin abgeschoben, so stünde die Etablierung dieser Metaebene selbst zur Debatte, und wir wären nicht weiter als vorher. Das Verbot, gleich dem lügenverdächtigen Kreter das Aussagen und den Aussagenden in die

Aussage mit aufzunehmen, läßt sich nur künstlich aufrechterhalten, da die Differenz zwischen Objekt- und Metasprache in unser natürliches Sprechen fällt. Der Philosoph kann die Bestimmung seiner selbst auch nicht auf eine Außeninstanz abschieben; denn er würde seinen Beruf verfehlen, wenn er sich auf ein unbefugtes Außen verließe, gleich ob es religiöser, politischer oder wissenschaftlicher Art wäre. Also scheint er in der Falle zu sitzen, da er nicht sagen kann, was er ist und was er tut, ohne sich selbst vorauszusetzen.

Natürlich gibt es Versuche, einen Ausweg zu finden. Das Dilemma der Selbstbezüglichkeit hängt offensichtlich damit zusammen, daß die Philosophie allumfassende Allsätze und unumstößliche Grundsätze formuliert, die auf sie selbst zurückfallen. Dies ist nicht gefährlich, solange der Philosophierende seine Einsichten *als Teil* eines sich selbst bekundenden und in der Seele sich reproduzierenden Ganzen betrachtet, so daß das »Erste für uns« im »Ersten an sich« aufgehoben ist. Der Seelenspiegel verdoppelt die Dinge, aber nicht sich selbst. Das Dilemma verliert auch dann seine Gefährlichkeit, wenn der Philosophierende seine Aussage *als Fall* eines grundlegenden Gesetzes betrachtet. Daß ein Gesetz auch für den gilt, der sich auf dieses beruft, entspricht haargenau den Gleichheitsanforderungen des Rechts. Das Dilemma verschwindet erst recht, wenn der Philosoph seine eigenen Aussagen *als Tatsachen* unter anderen Tatsachen behandelt. Das Dilemma gewinnt aber dann seine volle Kraft, wenn die Rede oder der Blick auf das Ganze kein bloßer Teil des Ganzen ist, wenn die Verkündigung des Gesetzes, die Unterwerfung unter das Gesetz und das Hören auf das Gesetz kein bloßer Anwendungsfall des Gesetzes sind und wenn schließlich die Beobachtung und Registrierung von Tatsachen keine bloße Tatsache darstellt.

Ausgehend von der zuvor skizzierten Ordnungsproblematik läßt sich das Problem wie folgt generalisieren. Jede begrenzte Ordnung hat nicht nur ein Außen, sondern die Differenz zwischen Ordentlichem und Außer-ordentlichem tritt als *Binnengrenze* in die Ordnung ein, die sie konstituiert. Innerhalb der Ordnung sprechen wir über deren eigene Grenzen. Dies bedeutet, daß innerhalb der Ordnung ein *Spalt* auftritt, der den unvermeidlichen Selbstbezug in einen gleichzeitigen *Selbstentzug* verwandelt. In der Sprache der Optik gesprochen, handelt es sich um einen blinden Fleck, der Philosophen schon seit den Zeiten Schopenhauers beunruhigt. Im Grunde ist er schon dem Descartesschen Cogito eingeschrieben, das sich selbst ausspricht und zugleich von sich und zu sich spricht und damit den Ort der Rede in ein unvermeidliches Alibi verwandelt. Seit langem muß das Verfahren der Reflexion dazu herhalten, das philosophische Selbstbewußtsein, dieses Wissen des Wissens, vom naiven Bewußtsein und vom methodisch beschränkten Objektbewußtsein zu unterscheiden. Doch in diesem Verfahren liegt eine Zweideutigkeit. Entweder nimmt die Reflexion den Charakter einer spekulativen Selbstbespiegelung an, die noch ein letztes Mal sich selbst in allem und alles in sich selbst wiederfindet, oder alles endet bei einem unglücklichen Reflexionsbewußtsein, das den Spalt, den die Reflexion aufreißt, vergebens zu schließen sucht.

Wird mit der Kontingenz einer Ordnung, die sich selbst entgleitet, ernst gemacht, so geraten wir in unvermeidliche Paradoxien, und diese Paradoxien könnte man geradezu als Gradmesser betrachten dafür, ob die Philosophie zu ihrer eigenen Endlichkeit steht. Paradoxe Doppelfiguren finden wir in den verschiedensten Bereichen, so in der Ordnungsstiftung, die im Ordnungsbestand auftaucht, ohne darin aufzugehen; in einem Sagen, das sich im

Gesagten anzeigt, ohne selbst der Aussage zuzugehören; in der schon erwähnten Verdoppelung eines Ich, das seine Andersheit an sich selbst erfährt; in der Doppelheit des fremden Ausspruchs, des fremden Blicks, der in unserem Erfahrungsfeld auftaucht, sichtbar und hörbar, und es gleichzeitig sprengt; in der Verdoppelung des Hier und Jetzt, die eine Lokalisierung und Datierung erlaubt und zugleich den »Nullpunkt« markiert, von dem aus Raumkoordinaten und Zeitdimensionen sich ausbreiten; im leiblichen Selbst, das in der Selbstberührung oder Selbstbeobachtung sich selbst entzieht; in der Doppelfigur eines Leibkörpers, der in seiner **194** Körperlichkeit an sich selbst die Fremdheit der Natur und ihrer künstlichen Surrogate erfährt.

III

Die Philosophie unterhält schließlich ein eigentümliches Verhältnis zu ihrer Geschichte, wie ich zuvor schon angedeutet habe. Auch dies ist keineswegs selbstverständlich. Wird strikt unterschieden zwischen Wesentlichem und Zufälligem, so treten Philosophie und Historie, Logos und Mythos, eigene Anschauung und Kenntnis durch Hörensagen auseinander. Ähnliches gilt für die Sonderung transzendentaler Möglichkeitsbedingungen und empirischer Erfahrungsgehalte. Sich von der Geschichte abhängig machen hieße, Autonomie durch »fremde Vernunft« ersetzen und die Frage nach der Gültigkeit unserer Erkenntnisse und Handlungsmaximen genetisch verunreinigen. Allenfalls hat die Vernunft dann eine Vorgeschichte, die sie in sich aufhebt. Auch die Orientierung an pragmatischen und technischen Problemlösungen nimmt der Geschichte ihr Gewicht. Wer eine Lösung gefunden hat, darf die Vorgeschichte getrost vergessen. Operationale Vorgänge, die in einen Regelkreis eingeschlossen sind, sind ohnehin prinzipiell rückläufig.

Die Geschichte bekommt nur dann eine innere Bedeutung, wenn sie der jeweiligen Ordnung innewohnt, wenn es eine Geschichte der Vernunft, des Sinnes, des Selbst gibt bzw. eine Verkettung und Verflechtung von Geschichten. Dazu gehören Stiftungs- und Schlüsselereignisse, die eine bestimmte Geschichte eröffnen, die gleich der eigenen Geburt einer Vergangenheit angehören, die nie Gegenwart war, die gleich der Muttersprache dem eigenen **195** Sprechen zuvorkommen, und die gleich dem eigenen Leib nie zur Wahl standen. Das bedeutet, daß philosophische Fragen sich stellen, bevor wir sie stellen. Prägnant kommt dies bei den griechischen Begründern der Philosophie zum Ausdruck, wenn sie die Philosophie mit Staunen oder Angst beginnen lassen, also mit einem Pathos, einem Widerfahrnis, das uns aus der Fassung bringt und aus gewohnten Vorstellungen herausreißt. Es gibt einen Funken von Wahnsinn in der Vernunft dort, wo Gedanken ungerufen kommen, über alle Ermöglichungsbedingungen hinaus. Die Frage, wie Philosophie möglich sei, beantwortet sich *in actu*. Wie bei traumatischen Erfahrungen geht die Wirkung der Ursache voraus. Es gibt ein Unbewußtes des philosophischen Bewußtseins aufgrund dieser Selbstvorgängigkeit, die durch keine nachträgliche Bemühung wettzumachen ist und die jeden Zirkel, auch den hermeneutischen, sprengt. Die Tatsache, daß es Sinn gibt, hat selbst keinen Sinn.

Ich schließe mit einer Schlußbemerkung, die den Stil des Philosophierens betrifft. Gedankenfiguren wie Überschuß, Abweichung, Entzug, Vorgängigkeit und Nachträglichkeit erfordern ein indirektes Verfahren, ein Zeigen, ein »Sehenlassen mit Worten«, das sich an Geschehenes und Gesagtes anlehnt, ohne sich darin zu erschöpfen. Gemessen daran sind Begriffsklärung und Argumentationskunst philosophische Sekundärtugenden.

Ursula Wolf
Begriffliche Spannungen und existenzielle Aporien

Die Herausgeber fragen nicht: »Was ist Philosophie?« Vielmehr lautet ihre Frage: »Was ist ein philosophisches Problem?« Das scheint mir kein Zufall zu sein. Denn tatsächlich hat die Philosophie auf besondere Weise mit Problemen zu tun, und daher liegt es nahe, die Philosophie durch diesen Problemcharakter zu charakterisieren und von anderen Tätigkeiten zu unterscheiden. Die »Was ist …?«-Form der Frage und ebenso meine eigene Rede von Charakterisieren und Unterscheiden suggerieren, das könne in der Weise einer Definition philosophischer Probleme geschehen. Doch schon Platon hat, jedenfalls nach meiner vielleicht unorthodoxen Interpretation, die »Was ist …?«-Frage mit Bezug auf philosophische Themen mit der Intention gestellt, Versuche der gewöhnlichen definitionsartigen Beantwortung philosophischer Fragen gerade *ad absurdum* zu führen.[1]

Das Folgende ist also kein Versuch, philosophische Probleme zu definieren; vielmehr handelt es sich um Annäherungen, Erwähnen von Aspekten, Abgrenzungen. Ich beginne mit dem Problemcharakter der Philosophie. Hat nicht die Wissenschaft ebenfalls mit Problemen zu tun, und wodurch unterscheiden sich dann philosophische von anderen Problemen? Bei Nozick findet sich hier ein Hinweis, der mir zutreffend scheint und der im übrigen nur etwas aufnimmt, was die Klassiker der Philosophie auf die eine oder andere Weise ebenfalls gesagt haben. Demnach fragt die Wissenschaft, wie sich das und das verhält, während die Philosophie fragt, wie das eine möglich ist, gegeben das und das andere.[2] Anders gesagt, die Philosophie hat es nicht mit Problemen derart zu tun, daß wir etwas nicht wissen und herausfinden wollen, was oder wie es ist. Vielmehr hat sie es mit Problemen zu tun, die sich erstens im Bereich dessen bewegen, was wir auf irgendeine Weise schon wissen, aber gerade deswegen, weil es so nah am Zentrum des Verstehens ist, um so schwerer erklären können (das unvermeidliche Augustinus-Zitat: »Was ist die Zeit? Wenn niemand mich danach fragt, weiß ich es; wenn ich gefragt werde und es erklären will, weiß ich es nicht«). Zweitens haben die philosophischen Probleme aporetischen Charakter, sofern die Kombination von Bereichen dieses immer schon gegebenen Wissens in Schwierigkeiten führt, für die keine Lösung möglich scheint. Das Vorverständnis bewegt sich in einem interdependenten Netz von Grundbegriffen, zwischen denen Spannungen auftreten, die nicht endgültig beseitigt werden können.

Ein bekanntes Beispiel für ein philosophisches Problem ist das der Willensfreiheit. Der angedeutete Unterschied zu einem wissenschaftlichen Problem stellt sich hier so dar: Eine Einzelwissenschaft würde fragen, ob wir wirklich frei sind. Das setzt aber voraus, daß wir wissen, was wir mit »frei« meinen, und solche Fragen vor oder hinter den Fragen der Wissenschaft sind das Terrain der Philosophie. Dabei ist das Problem nicht, was das Wort »frei« alltäglich bedeutet; das ließe sich beschreiben. Die Frage ist, welcher Anspruch mit dem freiheitlichen menschlichen Selbstverständnis verbunden ist und wie er sich zu anderen Grundbereichen unserer Weltsicht, insbesondere unserer Überzeugung einer durchgängigen Kausalität verhält. Es handelt sich also um eine Frage der genannten Form, die Frage, wie Freiheit in einer kausalen Welt möglich oder denkbar ist.

Wittgenstein ist der Auffassung, daß diese zentralen Begriffe dann Problemcharakter annehmen, wenn die Sprache »feiert«, leerläuft, wenn die Sprache unseren Verstand in Verwirrung bringt. Entsprechend besteht für Wittgenstein Philosophieren im Versuch, diese Verwirrungen aufzulösen und damit die philosophischen Probleme zum Verschwinden zu bringen. Diese Sicht des Problemcharakters der Philosophie überzeugt mich nicht. Auch wenn man in der Philosophie einiges an Klärung erreichen kann, indem man sprachliche Verwirrungen auflöst, so bleibt das doch nur ein erster Schritt. Betrachten wir die »Auflösung« des Freiheitsproblems, wie sie im Logischen Positivismus etwa durch Schlick versucht wurde, der sagte, daß das Problematische am Freiheitsbegriff auf einer Verwechslung von kausaler Verursachtheit und Zwang beruhe und daß Freiheit und Kausalgesetz vereinbar seien, sobald man sich das klarmacht.[3] Wenn das so einfach wäre, wundert man sich, warum nicht längst alle Philosophen sich dieser kompatibilistischen Positionen angeschlossen haben. Die Intuition jedoch, daß Freiheit mehr bedeutet als Abwesenheit von Zwang, und die Intuition, daß freies Handeln nicht restlos mit unserer kausalen Weltsicht vereinbar ist, weil es sich insbesondere aus der Sicht der ersten Person, aus der Sicht des Handelnden, anders darstellt, sind hartnäckig.

Der Freiheitsbegriff war ein Thema schon in der antiken Philosophie und ist es bis heute geblieben. Es scheint also ein weiterer Unterschied zu den Einzelwissenschaften darin zu bestehen, daß letztere ihre Fragen beantworten und voranschreiten, während die philosophischen Fragen durch die Jahrhunderte bestehenbleiben. Das ist irgendwie richtig, aber nicht ganz richtig. Die antiken Philosophen thematisieren zwar den Begriff der Handlungsfreiheit, aber sie erklären ihn ganz unproblematisch als eine etwas komplizierte Stufe der Kausalität. Das Problem, die Aporie, die sie in diesem Zusammenhang beunruhigt, ist nicht unser Problem der Vereinbarkeit von Kausalität und Freiheit, sondern das Problem, wie sich verstehen läßt, daß jemand das Gute kennt, aber aus freien Stücken das Schlechtere tut, also das sogenannte Problem der Willensschwäche oder, genauer, der Unbeherrschtheit (*akrasia*). Die philosophische Problemlage ändert sich also, und das hat zwei Ursachen. Einmal hängt sie vom Kontext ab. Kausalität wird erst dort als Bedrohung unserer Handlungsfreiheit erfahren, wo das naturwissenschaftliche Denken dominiert. Zweitens gerät auch das naturwissenschaftliche Denken nur dann in eine problematische Spannung zur Freiheitsüberzeugung, wenn man einen stärkeren Freiheitsbegriff hat, als die Griechen ihn kennen, den Begriff der Willensfreiheit, der erst mit dem Christentum und seiner Vorstellung aufkommt, daß Gott uns die freie Entscheidung für oder gegen ihn, für das Gute oder Böse überläßt.[4] Auch diesen letzteren Begriff, den des Bösen, kennen die Griechen nicht; wer nicht das Gute und Richtige tut, tut nach ihrer Sicht Schlechtes, das heißt Schädliches.

Wir müssen also damit rechnen, daß sich das Begriffsnetz, mittels dessen wir die Welt beschreiben und verstehen, ändert. Das Aufkommen des Willensbegriffs ist nicht einfach die Addition zur Begrifflichkeit, mit der wir unser Handeln fassen; sein Aufkommen zieht vielmehr eine Umstrukturierung dieses ganzen Begriffsfeldes, eine Verschiebung der ganzen handlungstheoretischen Begrifflichkeit nach sich und damit eine Verlagerung der philosophischen Probleme.

Man kann daher einzelne philosophische Probleme auflösen, aber nicht *die* philosophischen Probleme; die aporetische Struktur als solche bleibt bestehen und treibt, wo ein Problem durch Neubeschreibung zum Verschwinden kommt oder »aufgelöst« wird, an anderer Stelle des Begriffsnetzes neue Aporien hervor.

Es bleibt die Frage, warum das so ist. Könnte es nicht sein, daß eines Tages jemand die endgültige Lösung für die philosophischen Probleme findet? Wohl kaum. Die spezifisch philosophischen Probleme sind nach meiner Sicht der Dinge in der Struktur der menschlichen Existenz angelegt, die durch Grundspannungen, unauflösbare Aporien gekennzeichnet ist. Wir sind endliche begrenzte Wesen, die kraft ihrer Vernunft, Phantasie usw. über diese Begrenztheit hinausdenken, sie aber konkret und vollständig weder im Wissen noch im Handeln überwinden können. Das heißt nicht, daß die philosophischen Probleme direkt Lebensprobleme wären. Im alltäglichen Leben ist es ratsam, zu den existentiellen Spannungen die eine oder andere Haltung einzunehmen, um möglichst gut mit ihnen umgehen zu können. In der Philosophie andererseits sind Thema nicht alle existentiellen Spannungen, sondern nur diejenigen, die einer diskursiven Bearbeitung zugänglich sind, die sich im intersubjektiven Medium der Sprache, in begrifflichen Problemen äußern, und das dürften letztlich diejenigen sein, die aus der Begrenztheit der menschlichen Vernunft hervorgehen.

Anmerkungen

[1] Das habe ich genauer ausgeführt in U. Wolf, *Die Suche nach dem guten Leben. Platons Frühdialoge* (Reinbek 1996). Die Frage nach der Eigenart philosophischer Probleme ist Thema insbesondere in den letzten beiden Kapiteln von U. Wolf, *Die Philosophie und die Frage nach dem guten Leben* (Reinbek 1999).

[2] R. Nozick, *Philosophical Explanations* (Oxford 1981), 9.

[3] So M. Schlick »Wann ist der Mensch verantwortlich?«, in: U. Pothast (Hrsg.), *Seminar: Freies Handeln und Determinismus* (Frankfurt am Main 1978), 157–168.

[4] Vgl. A. Dihle, *Die Vorstellung vom Willen in der Antike* (Göttingen 1985).

Uwe Justus Wenzel
Epilog: Problembewußtsein

Was also ist ein philosophisches Problem? Ein Problem wie jedes
andere auch? Oder ist es kein Problem wie jedes andere? – Manche, insbesondere der professionellen Philosophie nicht Zugehörige, mögen nach der Lektüre der vorstehend versammelten Antworten sagen, das eigentliche Problem sei, daß Philosophen auf
die Frage, was ein philosophisches Problem sei, verschiedene Antworten geben. *Dieses* Problem immerhin – daß es mehr als eine
Antwort auf die Frage nach dem philosophischen Problem gebe –
könnten Gewitzte auch als ein philosophisches zu etikettieren versucht sein. Doch der Dissens in dieser Frage ist keines der überlieferten Probleme oder »Grundprobleme« der Philosophie. Er ist
vielmehr – weitgehend – unproblematisch. Die Uneinigkeit ist
weder – und so zeichnet sich eine hilfreiche Unterscheidung in der
Wortbedeutung ab – ein Problem, das zu den »Problembestän-
den« der »Tradition« zählte, noch eines, das Philosophierende gerne los sein wollten, das sie »persönlich« sozusagen lieber nicht
hätten. Die Divergenzen in dieser Sache gehören zur Philosophie
selbst, zur Sache der Philosophie; sie führen anscheinend nicht zu
deren Distraktion, auch nicht – und erst recht nicht – zur Disso-
ziation der philosophischen *community*. Das verwundert nicht:

Die Minimalmaxime, die alles Philosophieren nicht erst seit dem doxographisch aktenkundigen Skeptizismus oder seit Descartes' Zertismus oder seit Kants Transzendentalismus, sondern ›seit seinen Anfängen‹ charakterisiert, diese Maxime könnte nämlich lauten: Nimm nichts als gegeben hin, mache aus jedem Faktum erst einmal ein Problem! Nach dieser Maxime richten sich selbst die, die Joachim Schulte im Vorwort »Entdecker« genannt und den »Erfindern« unter den Philosophen gegenübergestellt hat. Auf Entdeckungsreise in das Land des ›eigentlich‹ und ›wahrhaft‹ Gegebenen gehen jene ja, weil sie das vor Augen Liegende oder die

Meinungen über das vor Augen Liegende in Frage stellen, weil sie es oder sie zunächst einmal – problematisieren.

In solch initialem Basisskeptizismus treffen sich vermutlich alle, die ihre Tätigkeit als eine philosophische beschreiben würden. Freilich nimmt das Problembewußtsein, aus dieser Perspektive betrachtet, eine Weite an, die es nichtssagend erscheinen läßt: Es wird trivial, weil es, so verstanden, allen zukommt, die überhaupt nur zu denken, zu fragen beginnen. Aber selbst in methodisch verschärfter und kontrollierter Form könnte ein praktiziertes Problembewußtsein nicht exklusiv der Philosophie zugesprochen werden: Auch die Wissenschaften verfahren, kurz gesagt, mit ihren Problemen auf unproblematische Weise problematisierend. Gleichwohl heißt dies nicht, die Frage nach dem ›Philosophischen‹ am philosophischen Problem lasse sich allein mit dem Hinweis auf eine mögliche Liste der überkommenen philosophischen Haupt- und Grundprobleme beantworten. Auch wenn die ubiquitäre Rede von Problemen begriffsgeschichtlich eine Verflachung und Nivellierung indiziert[1], läßt sich sagen, wie das allenthalben anzutreffende Problembewußtsein sich spezifisch philosophisch ausprägt: indem es die Probleme, die es hat, weder lösen noch auflösen, indem es sie vielmehr behalten will.[2] (Darüber, ob sie überhaupt lösbar oder auflösbar wären, ist damit noch nichts gesagt.) Will es sie – letztlich – lösen, dann tendiert es dazu, sich zum Organ der Wissenschaft zu machen. Will es sie – letztlich – auflösen, dann arbeitet es daran, zum Organ der Lebenswelt zu werden. Nicht wenige der Beiträge unseres Sammelbandes bestätigen diese – gewiß allzu einfache – These zumindest insofern, als sie stärker auf Fragen der Abgrenzung der Philosophie von den Wissenschaften und von der (individuellen oder gesellschaftlichen) ›Praxis‹ fokussieren als auf die Tradition bestimmter philosophischer Grundprobleme.

Aus der Philosophie eine Wissenschaft zu machen, eine Wissenschaftswissenschaft oder eine Hilfswissenschaft, ist bekanntlich ebenso schon versucht worden, wie die Philosophie in die Lebenswelt zurückzunehmen: sie als soziale Praxis zu ›realisieren‹ oder in therapeutischer Praxis auszutreiben. Weder positivistische ›Lösungen‹ noch revolutionäre oder wittgensteinianische ›Auflösungen‹ haben aus philosophischen Problemen wirkliche ›Scheinprobleme‹ zu machen vermocht. Radikalkuren dieser Art sind ein wenig aus der Mode gekommen; verschrieben aber werden sie, das mag mit der neuerdings üppig und bilderreich blühenden Kultur metaphilosophischer Selbstbesinnung zu tun haben, hin und wieder doch noch. Eines der intelligentesten Rezepte der letzten Jahre hat Colin McGinn verfaßt. Es verbindet, scheinbar paradox, die These von der Lösbarkeit der Grundprobleme der Philosophie mit der These ihrer Unlösbarkeit. Damit nicht genug: McGinn bringt auch noch eine Spielart der Methode des Probleme-*Auf*lösens in seinem Konzept unter. ›Vollständig‹ wird es freilich erst, weil es nicht aufgeht, weil es demonstriert, daß selbst und gerade die ausgeklügelte Form, philosophische Probleme zum Verschwinden zu bringen, nicht umhinkann, deren Existenz zu be-

205

stätigen. Darum lohnt es, bei McGinns Versuch[3] kurz zu verweilen.

Seine Eröffnungsthese lautet, verknappt zusammengefaßt: Philosophische Fragen verblüffen, dabei aber bluffen sie. Sie verwirren, indem sie Selbstverständliches in Zweifel ziehen. Sie machen ratlos und suggerieren Tiefsinn, weil sie wissen wollen, wie dies oder jenes *möglich* sei. So werfen sie Probleme auf, die von Dingen oder Ereignissen in der Welt zu handeln scheinen, die sich aber dennoch nicht »durch eine empirische Untersuchung dieser irdischen Dinge« lösen lassen. Unbeantwortbar sind Fragen dieses Kalibers indes nicht, weil sie nach sonderbaren, an sich selbst fragwürdigen Wesenheiten fragten, unbeantwortbar sind sie vielmehr deswegen, weil sie unser Erkenntnisvermögen übersteigen, weil sie dessen – ebenso zufällige wie tatsächliche – Grenzen ignorieren.[4] »An sich«, »objektiv« gebe es keine Geheimnisse, nur »für uns« gebe es sie. Wer mangels zutage liegender Auskünfte etwas in die Welt hineingeheimnisse, erliege einem »Projektionsfehlschluß«[5] und übertrage die Unzulänglichkeiten des eigenen Erkenntnisapparats auf die uns erstaunenden Phänomene. Die Welt sei, wie sie sei – nur sei sie uns nicht in allem zugänglich; nicht alles, was zu ihr gehöre, liege innerhalb des den Menschen offenstehenden »kognitiven Raums«.[6] Das aber heiße nicht, daß das, was sich unserem Erkennenkönnen entzieht, nicht »natürlich« wäre. Alles sei »natürlich«, auch das menschliche Erkenntnisvermögen selbst. Gerade weil auch die Vernunft natürlich, weil sie ein Teil der Welt sei, sei sie nicht imstande, diese Welt im ganzen und in allen ihren Einzelheiten zu erfassen. McGinn nennt das »transzendentalen Naturalismus« oder, abgekürzt, »TN«.[7] »Transzendental« meint *auch* »transzendent«: die natürliche Verfassung der Welt transzendiere unsere intellektuellen

Möglichkeiten. Es gebe ein »erkenntnistheoretisches« Jenseits, das freilich »ontologisch« (an sich) als ein Diesseits soll gelten können. Eben dies unterscheidet den »transzendentalen« von einem »immanenten«, soll heißen: grenzenlosen Naturalismus, der ohne jedes Jenseits auskommt: der auf jedwede Frage eine menschenmögliche »naturalistische« Antwort geben zu können beansprucht (man darf dabei durchaus an das empiristische Projekt Quines denken).[8]

Ist unser Geist auf die Fragen, die ihm durch den Kopf gehen, gar nicht »abgestimmt« (warum aber fallen sie ihm dann eigentlich ein?), so sei das »sozusagen schlichtes Pech«[9] – nicht verschieden von dem Fehlen eines Sprachmodus im Gehirn eines Hundes oder davon, daß etwelche Marsbewohner sich einen Begriff von unserer Geometrie bilden wollten, ohne eine Vorstellung vom dreidimensionalen Raum zu haben. Tiefsinn wird so als Mangel an Scharfsinn decouvriert, Philosophie als »eine spezielle Art von Verstandeskrampf«[10] diagnostiziert – und »TN« als geistige Lockerungsübung verordnet. Ist »TN« also nur ein weiteres unfreiwilliges Exempel für die Rubrik »Wenn Philosophen Philosophen ›Philosophen‹ schimpfen«? So humorlos ist McGinn nicht. Vielleicht hat er sogar zuviel Humor und läßt darum den Leser mit der Frage allein, was denn »TN« selbst eigentlich sei: Philosophie oder Wissenschaft. Ein Drittes gibt es nicht; jedenfalls nicht, insoweit man eine Fußnote für bare Münze nehmen darf, die »Wissenschaft« als »Bezeichnung für Fragen, die unseren theoretischen Fähigkeiten entsprechen«, und »Philosophie« als Gattungsnamen für Fragen zu definieren nahelegt, die diesen Fähigkeiten nicht entsprechen.[11] Oder sollte der Umstand, daß McGinn außer einigen philosophischen Monographien auch einen Roman verfaßt hat (»The Space Trap«, 1992), auf ein Drittes hindeuten? Verletzt der »TN« am Ende gar – notwendig – die Grenzen, die er selbst zieht?

Gleichviel – »direkte Gründe«, die für den »TN« sprächen, bringt sein Urheber nicht bei. Was nicht überraschen sollte, denn »es folgt ja gerade aus dem TN, daß er keine direkte Untermauerung zuläßt«. Doch allein aus der Schwäche seiner Konkurrenten und der insgeheim kultivierten Lust an Paradoxalem wird er nicht bestehen. McGinn greift am Ende, »notgedrungen«, zum Mittel der Spekulation, um die Mesalliance von menschlicher Vernunft und philosophischer Wahrheit – und damit dann doch wieder die Vernünftigkeit seiner eigenen philosophischen »Hypothese« – evident werden zu lassen. Es ist kein kruder, aber auch kein sonderlich subtiler Darwinismus, dem er, spekulierend, das Wort redet. Den evolutionären Nutzen des »menschlichen Denkorgans« vermutet McGinn in dessen pragmatischer »Flexibilität«, um sodann die als Antwortsurrogat bestimmte rhetorische Frage anzuschließen: »Warum sollte ein Talent zu (bloßer) Flexibilität eine tragfähige Basis abgeben für tiefschürfendes objektives Wissen?«[12] – Warum sollte es nicht? – Beunruhigender, obgleich nicht minder spekulativ dann die Antwort auf die Frage, ob denn die philosophischen Probleme möglicherweise bei einem anderen »Vermögen« als dem der Vernunft besser aufgehoben sein könnten. Sie könnten, vorausgesetzt, man trennte sich von dem hartnäckigen Vorurteil, die Vernunft sei die einzige Instanz »symbolischer Repräsentation«. Zwei »Systeme«, so die Phantasie, brauchten und hätten Zugang zu eben den philosophischen Kenntnissen, die die Vernunft vergeblich erstrebe: das Gehirn und die Gene. Wäre das Gehirn nicht zugleich ein »Gehirnforscher«, besäße es nicht eine »Theorie seiner selbst«, so wäre seine Funktionstüchtigkeit schlicht unerklärlich. So wird das Gehirn zum »Konstrukteur des Geistigen« promoviert, »der die Fähigkeit besitzt, alle geistigen Phänomene zu erzeugen, denen es dient«. Es habe die Probleme, an denen die Vernunft laboriere – insonderheit das der psychophysischen Verknüpfung –, faktisch immer schon gelöst. Gleiches lasse sich von den Genen behaupten, deren Code, für die bewußte Vernunft unerreichbar, »Informationen« jener Sorte berge, die die ins Leere laufenden philosophischen Wie-ist-dies-möglich-Fragen zur Antwort erheischten, aber nicht erhalten.[13]

Nicht erst diese metaphysischen Grillen sind »hypothetisch«, bereits der »TN« selbst ist es. Mit ebendieser Erleichterung verabschiedet sich auch McGinn. Da es nicht feststehe, daß der »TN« wahr sei, sei es »entscheidungstheoretisch gesehen rational«, unter der Annahme zu denken und zu handeln, er sei möglicherweise falsch.[14] Freilich: Auch wenn der »TN« zuträfe, änderte das nicht viel. Selbst unter seiner Ägide dürfte weiterhin – ohne dem Sinnlosigkeitsverdacht anheimzufallen – betrieben werden, was Philosophinnen und Philosophen heutigentags mehrheitlich betreiben: »Begriffsanalyse, Systematisierung der Wissenschaften, Ethik und politische Philosophie sowie zweifellos eine Menge sonstiger Dinge«.[15] Den eigentlichen Trost aber, und damit wären wir an der Stelle, an der auch noch die angekündigte Variante des Auflösens in die Lebenswelt ins Spiel kommt, spendet nach McGinn die »Einsicht in die Unabänderlichkeit unseres Nichtwissens«, die »TN« vermitteln könne: Wird die Wißbegierde *befriedigt*, indem sie sich als solche *aufgibt* und – so des Autors Wort[16] – in »Demut« wandelt? Das erinnerte an Wittgensteins therapeutischen Philosophiebegriff. Doch von dessen Hoffnung[17], die Tiefsinn vorgaukelnden philosophischen Probleme seien einer Verhexung der Sprache geschuldet, die sich über kurz oder lang auskurieren lasse, ist McGinns »Hypothese«, genau besehen, weit entfernt. Ihr gemäß verdankt sich der Hang zu aussichtsloser Grübelei einer natürlichen Ausstattung unseres – mit der Sprache nicht deckungsgleichen – Erkenntnisvermögens, die als Defekt zu empfinden unangemessen, in Demut »hinzunehmen« aber angemessen wäre. Hinzunehmen, das scheint McGinn gelegentlich zu vergessen, gälte es dann aber auch die ewige Wiederkehr der vertrackten »philosophischen Probleme«. Sie werden auf wunderbare Weise – wie wenn nichts geschehen wäre und der »TN« sich selbst erübrigt hätte – gerettet. Solche Rettung der Probleme ist zwar nicht gleichbedeutend mit der Rettung der Seele dessen, der sie hat, aber doch – das Stichwort »Demut« zeigt es an – mit der durchaus individuellen Einübung ins Unabänderliche. Darin wäre der »TN« seiner buchstabenkombinatorischen Nachbarin »TM«, der »Transzendentalen Meditation«, dann doch verwandt: als mentales Exerzitium. Und in diesem Betracht (von dem zugrunde gelegten Naturalismus einmal abgesehen) wäre er auch so etwas wie ein Modell des Philosophierens, eine Beschreibung seiner Bewegung: Problematisieren, um zu akzeptieren; in Zweifel ziehen, um hinzunehmen? Nicht ganz. Das Hinnehmen hat nicht das letzte Wort. Hätte es es, würde aus der Liebe zur Weisheit eine – angemaßte – Weisheit; und aus der Philosophie würde Lebenskunst. Das wäre zu wenig und zu viel in einem (vor allem aber zu wenig). Die philosophische Demut wäre keine philosophische, wenn sie sich nicht in die Wiederkehr der Probleme schickte, wenn sie nicht akzeptierte, daß sich für sie die Liebe zur Weisheit nur als Liebe zum Problem leben lasse.

Anmerkungen

[1] Vgl. Helmut Holzhey im entsprechenden Artikel des *Historischen Wörterbuchs der Philosophie* (Band 7, Sp. 1397).

[2] Jürgen Mittelstraß hat in seinem Beitrag eine ähnliche Perspektive eingenommen.

[3] Colin McGinn, *Die Grenzen vernünftigen Fragens. Grundprobleme der Philosophie*. Aus dem Englischen von Joachim Schulte (Stuttgart, 1996).

[4] Ebd., S. 11.

[5] Ebd., S. 31.

[6] Ebd., S. 13.

[7] Ebd., S. 11 f.

[8] Ebd., S. 14 f.

[9] Ebd., S. 30.

[10] Ebd., S. 32.

[11] Ebd., S. 29 f.

[12] Ebd., S. 213.

[13] Ebd., S. 223, 225.

[14] Ebd., S. 244.

[15] Ebd.

[16] Ebd., S. 245.

[17] Man muß Wittgenstein allerdings nicht so verstehen, als habe er diese Hoffnung wirklich gehegt.

Über die Autorinnen und Autoren

Rüdiger Bittner, Jahrgang 1945, ist Professor für Philosophie an der Universität Bielefeld. Wichtige Veröffentlichungen u. a.: ›Moralisches Gebot oder Autonomie‹, ›Handeln aus Gründen‹ (in Vorbereitung).

Michael Dummett, Jahrgang 1925, ist emeritierter Wykeham Professor of Logic an der University of Oxford. Wichtige Veröffentlichungen u. a.: ›Frege‹, ›The Interpretation of Frege's Philosophy‹, ›Truth and Other Enigmas‹, ›The Seas of Language‹, ›Ursprünge der analytischen Philosophie‹.

Dorothea Frede, Jahrgang 1941, ist Professorin für Philosophie an der Universität Hamburg. Wichtige Veröffentlichungen u. a.: ›Platons *Phaidon*. Der Traum von der Unsterblichkeit der Seele‹, Platons ›Philebos‹ (Übersetzung und Kommentar; dt. und engl.), ›Heideggers Tragödie: Bemerkungen zur Bedeutung seiner Philosophie‹.

Peter M. S. Hacker, Jahrgang 1939, unterrichtet Philosophie am St. John's College, Oxford. Wichtige Veröffentlichungen u. a.: ›Appearence and Reality‹, ›Sense and Nonsense‹ (mit Gordon Baker),

›Analytical Commentary on [Wittgenstein's] *Philosophical Investi-gations*‹ in vier Bänden (teilw. mit G. Baker), ›Frege. Logical Exca-vations‹ (mit G. Baker), ›Wittgenstein im Kontext der analytischen Philosophie‹.

Ian Hacking, Jahrgang 1936, ist Professor für Philosophie an der University of Toronto und Inhaber eines Lehrstuhls für Philoso-phie und die Geschichte wissenschaftlicher Begriffe am Collège de France in Paris. Wichtige Veröffentlichungen u. a.: ›The Emergence of Probability‹, ›Die Bedeutung der Sprache für die Philosophie‹, ›Representing and Intervening‹ (dt. ›Einführung in die Philosophie der Naturwissenschaften‹), ›Rewriting the Soul‹ (dt. ›Multiple Per-sönlichkeit. Zur Geschichte der Seele in der Moderne‹), ›Was heißt »soziale Konstruktion«?‹.

Dieter Henrich, Jahrgang 1927, ist emeritierter Professor für Phi-losophie an der Ludwig-Maximilians-Universität München und Honorarprofessor der Humboldt-Universität zu Berlin. Er un-terrichtete über längere Zeit als ständiger Gastprofessor an der Columbia und Harvard University. Wichtige Veröffentlichungen u. a.: ›Der ontologische Gottesbeweis‹, ›Fichtes ursprüngliche Ein-sicht‹, ›Fluchtlinien‹, ›Der Gang des Andenkens. Beobachtungen und Gedanken zu Hölderlins Gedicht‹, ›The Unity of Reason: Essays on Kant's Philosophy‹.

Georg Meggle, Jahrgang 1944, ist Professor für Philosophische Grundlagen der Anthropologie und Kognitionswissenschaften an der Universität Leipzig. Wichtige Veröffentlichungen u. a.: ›Grund-begriffe der Kommunikation‹, ›Handlungstheoretische Semantik‹.

Christoph Menke, Jahrgang 1958, ist Professor für Ethik am Philosophischen Institut der Universität Potsdam. Wichtige Veröffentlichungen u. a.: ›Die Souveränität der Kunst. Ästhetische Erfahrungen nach Adorno und Derrida‹, ›Tragödie im Sittlichen. Gerechtigkeit und Freiheit nach Hegel‹, ›Reflexionen der Gleichheit‹.

Jürgen Mittelstraß, Jahrgang 1936, ist Professor für Philosophie und Wissenschaftstheorie und Direktor des ›Zentrums Philosophie und Wissenschaftstheorie‹ an der Universität Konstanz. Wichtige Veröffentlichungen u. a.: ›Neuzeit und Aufklärung‹, ›Geist, Gehirn, Verhalten‹ (mit Martin Carrier), ›Die Häuser des Wissens. Wissenschaftstheoretische Studien‹.

Martha Nussbaum, Jahrgang 1947, ist Professor of Law and Ethics an der University of Chicago Law School. Wichtige Veröffentlichungen u. a.: ›The Fragility of Goodness: Luck and Ethics in Greek Tragedy and Philosophy‹, ›Love's Knowledge‹, ›The Therapy of Desire‹, ›Poetic Justice‹, ›Gerechtigkeit oder Das gute Leben‹, ›Vom Nutzen der Moraltheorie für das Leben‹, ›Upheavals of Thought: A Theory of the Emotions‹.

Richard Rorty, Jahrgang 1931, ist Professor of Comparative Literature an der University of Stanford. Wichtige Veröffentlichungen u. a.: ›Der Spiegel der Natur. Eine Kritik der Philosophie‹, ›Solidarität oder Objektivität. Essays‹, ›Kontingenz, Ironie und Solidarität‹, ›Wahrheit und Fortschritt‹, ›Philosophie & die Zukunft. Essays‹.

Martin Seel, Jahrgang 1954, ist Professor für Philosophie an der Universität Gießen. Wichtige Veröffentlichungen u. a.: ›Die Kunst der Entzweiung. Zum Begriff der ästhetischen Rationalität‹, ›Eine

Ästhetik der Natur‹, › Versuch über die Form des Glücks. Studien zur Ethik‹, ›Ästhetik des Erscheinens‹.

Dieter Thomä, Jahrgang 1959, ist Professor für Philosophie an der Universität St. Gallen. Wichtige Veröffentlichungen u. a.: ›Die Zeit des Selbst und die Zeit danach. Zur Kritik der Textgeschichte Martin Heideggers 1910–1976‹, ›Erzähle Dich selbst. Lebensgeschichte als philosophisches Problem‹, ›Analytische Philosophie der Liebe‹ (Hg.).

216   **Bernhard Waldenfels**, Jahrgang 1934, ist emeritierter Professor für Philosophie an der Ruhr-Universität Bochum. Wichtige Veröffentlichungen u. a.: ›Einführung in die Phänomenologie‹, ›Phänomenologie in Frankreich‹, ›Sinnesschwellen‹, ›Topographie des Fremden‹, ›Antwortregister‹, ›Das leibliche Selbst‹.

Ursula Wolf, Jahrgang 1951, ist Professorin für Philosophie an der Universität Mannheim. Wichtige Veröffentlichungen u. a.: ›Logisch-semantische Propädeutik‹ (mit Ernst Tugendhat), ›Das Problem des moralischen Sollens‹, ›Das Tier in der Moral‹, ›Die Suche nach dem guten Leben. Platons Frühdialoge‹.

Ian Hacking

Was heißt ›soziale Konstruktion‹?

Zur Konjunktur einer Kampfvokabel in den Wissenschaften

Aus dem Amerikanischen von Joachim Schulte

Band 14434

»Sozialer Konstruktivismus« ist *en vogue*. Man muß nur die Verzeichnisse der theoretisch ambitionierten Neuerscheinungen in den Sozialwissenschaften durchblättern, um sich davon zu überzeugen. Und die »science wars« führen vor, daß die Debatten über die »soziale Konstruiertheit« von Theorien und Fakten auch die Naturwissenschaften erreicht haben. Grund genug also, sich angesichts der erhitzten Diskussionen einmal die Frage vorzulegen, was eigentlich mit Äußerungen der Form »X ist sozial konstruiert« überhaupt behauptet wird.

Ian Hacking, Philosoph und Wissenschaftstheoretiker, hat sich dieser Frage angenommen und eine ebenso nüchterne wie erhellende Analyse der von »Konstruktionisten« auf den verschiedensten Gebieten erhobenen Ansprüche vorgelegt.

Fischer Taschenbuch Verlag

Ludwig Wittgenstein

Denkbewegungen

Tagebücher 1930–1932, 1936–1937

Herausgegeben und kommentiert von Ilse Somavilla

Band 14436

Das Tagebuch von Wittgenstein (1889-1951) tauchte erst vor kurzem überraschend in einem Nachlaß auf. Es enthält vor allem Eintragungen aus den Jahren 1930 bis 1932, aus der Zeit unmittelbar nach der Rückkehr Wittgensteins nach Cambridge und damit zur Beschäftigung mit philosophischen Fragen. In diesen Zeitraum fällt Wittgensteins »Wende« zur Spätphilosophie: In erstaunlich kurzer Zeit demontiert Wittgenstein die Metaphysik seiner »Logisch-philosophischen Abhandlung« und gewinnt aus deren Kritik bereits die zentralen Bestimmungsstücke seines neuen Begriffs von philosophischer Klärungsarbeit.

Die Eintragungen zeigen Wittgensteins Bemühen mit sich und seiner philosophischen Arbeit ins reine zu kommen. So sind sie nicht nur für die Wittgenstein-Kenner und -Forscher von Bedeutung, sondern auch für jene Leser, die eine erste Annäherung an den Menschen und Philosophen Wittgenstein versuchen wollen.

Fischer Taschenbuch Verlag

fi 3012 / 2

Ralf Konersmann

Komödien des Geistes

Historische Semantik als philosophische Bedeutungsgeschichte

Band 14431

Kein Begriff, der nicht seine Geschichte hätte, keine Geschichte, die nicht aus vielen anderen Geschichten zusammengesetzt wäre. Deshalb geht es bei der Darstellung von Wort- und Begriffskarrieren, wie sie die Historische Semantik unternimmt, nicht darum, einen definitiven Sinn zu eruieren und akkurat abzubilden. Es geht vielmehr darum, die Bedürfnisse, Ansprüche und Motive zu entdecken, die hinter den Begriffen und ihren Geschichten stehen. Philosophische Texte sind dann nicht schlicht ›gegeben‹, so wenig wie die Probleme, denen sie sich widmen: Ihre Aktualität ist oft Teil einer langen Geschichte von Anverwandlungen, Variationen und Gegenversionen.

Solchen Geschichten spürt die Historische Semantik nach, indem sie Kontexte vergegenwärtigt und Deutungstraditionen heranzieht. Und sie erinnert daran, daß Philosophie von jeher mit elementaren Orientierungen befaßt ist – mit ihrer Bereitstellung, Untersuchung und Prüfung: Es geht um die Klärung der Herkunft und Tragweite theoretischer Ansprüche.

Fischer Taschenbuch Verlag